Al lector

Gracias por adquirir este manual de magia de Wicca Editores, el conocimiento del poder que existe en la naturaleza, está a su alcance, con algo de estudio y práctica, logrará transformar su vida.

Omar Hejeile Ch.

AUTOR
Omar Hejeile Ch.

Editorial Wicca, rescata el poder inconmensurable del ser humano y la naturaleza; un poder que todos poseen, sienten, perciben, pero pocos conocen, a través de los textos, programas de radio, se invita sin imponer una verdad o un concepto, para que cada uno que siente el llamado desde su interior, quien descubre la magia de los sueños, y desea obtener el conocimiento, por ende, la transformación de su vida alcance el centro de la **felicidad.**

La vieja religión ha renacido...
y está en sus manos.

WICCA
ESCUELA DE MAGIA

La vieja religión basada en el conocimiento mágico, de viejas culturas perdidas en el tiempo, escapadas del mundo de los hiperbóreos renacen como el fénix la armonía del hombre con la naturaleza.

Wicca, vocablo que procede de Wise, Wizard, significa "El oficio de los sabios" "Los artesanos de la sabiduría" Durante milenios de persecución, los documentos antiguos de la vieja religión permanecieron ocultos esperando el momento propicio del renacer, ahora, Wicca, recupera algunos de los viejos conocimientos del influjo lunar, el sol, los grandes Sabbats, el poder secreto de los encantamientos y embrujos, el arte de los sortilegios, el infinito mundo mágico de las plantas, el secreto de las estrellas.

Autor: Omar Hejeile Ch.

Título: Secretos de Alta Magia

ISBN: 978-958-8391-42-7

Sello Editorial: *WICCA S.A.S (978-958-8391)*

ENCICLOPEDIA: *"Universo de la Magia"*

Diseño y Diagramación: Mario Sánchez C.

ww.omarhejeile.com

SECRETOS DE ALTA MAGIA

SENTENCIA

Si usted ha adquirido este manual mágico, con el único interés de realizar algún ritual para suplir cualquier falencia o vacío de su vida sin comprender, conocer, descubrir el poder de la magia y obtener sabiduría, este libro no será el indicado.

Este grimorio posee dos cualidades intrínsecas:

"Hará al sabio más sabio
Y al necio más necio"

MANUAL DE ALTA MAGIA

Si usted ha adquirido este manual debe tener en cuenta que el uso de este es bajo su responsabilidad, WICCA editores; como un aporte a la cultura de las antiguas religiones, entrega este manual, el cual debe ser analizado y evaluado antes de ser usado.

Si usted no tiene o posee, algún conocimiento sobre las artes mágicas, absténgase de ejecutar cualquier práctica que aquí se menciona, la magia no tiene polaridad, no es blanca o negra, pero la intención de cada cual, da la fuerza para ejecutar los rituales.

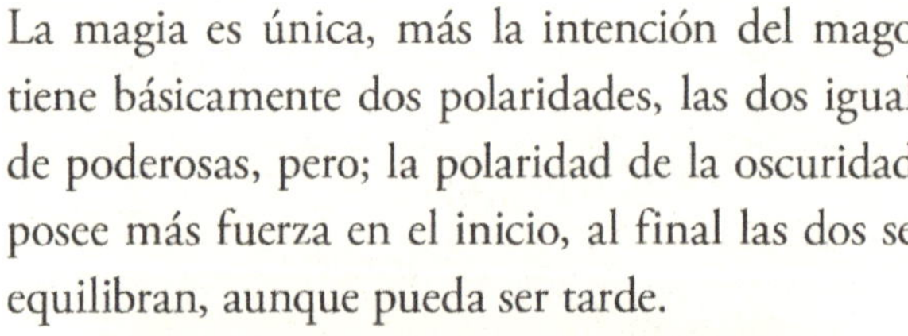

La magia es única, más la intención del mago tiene básicamente dos polaridades, las dos igual de poderosas, pero; la polaridad de la oscuridad posee más fuerza en el inicio, al final las dos se equilibran, aunque pueda ser tarde.

El uno queda destruido, el otro también y las energías se anulan, ya veremos cómo funciona.

Magia; un poder misterioso que relaciona la naturaleza y el pensamiento, sin adentrarnos en el mundo de la ciencia y tratar en vano de dar explicaciones a lo que no tiene explicación, miremos la magia en su pureza, o de lo contrario, los cuestionamientos serán infinitos y no se tendrá ninguna conclusión.

Cada aprendiz de mago está en la libertad, de profundizar en la búsqueda de las probables explicaciones.

La concepción de la magia varía de persona a persona, para algunos: la magia es el elemento de la fuerza de los poderes sobrenaturales, para otros; es el fruto de creencias sin sentido acompañadas de ignorancia, en fin, cada cual reitero, está en la libertad de evaluar su concepto.

A más, los libres pensadores que mantienen un pensamiento sin la estrechez de los cuestionamientos pueden ventilar algunos sucesos como elementos desconocidos que aportan determinadas energías.

Miremos algunos temas que nos ayudarán a entender este manual.

La magia posee principios reguladores y leyes, las cuales se convierten en la sabiduría para quienes la saben interpretar y aplicar.

Durante milenios, los magos se dedicaron a descubrir las diferentes variaciones de la mente, y la manera como actuaban, tanto en el mundo material, espiritual y físico, así se lograba la mutación del deseo. Posteriormente nacieron las diferentes escuelas de filosofía y magia.

ENERGÍA

Todo cuanto existe está constituido de energía, la cual vibra en diferentes escalas del tiempo y del espacio, y aun el espacio es una energía implícita en todo y todo implícito en la misma,

esta condición la conocemos como Todo en uno, uno en Todo, Todo está auto contenido.

Una rápida mirada al Todo mágico

Principios mágicos

• Todo es energía, un concepto antiguo fuera de los dogmas y las creencias de un monoteísmo, todo está vivo, todo se auto regenera, todo se reproduce en sí mismo, sin que exista nada externo que lo domine o controle, se regula en la generación y destrucción.

Siendo la destrucción, el inicio renovador del cambio, la mutación que transforma cuanto existe, sin que se pierda la esencia.

• La energía en libertad se transmuta constantemente en la función de crear, todo cuanto existe tiene su correspondencia en la esencia misma de "*SER*" lo macro y lo micro es lo mismo, lo alto o lo bajo, todo se integra representándose así mismo, una partícula, es una estrella, un cabello, es el hombre, la totalidad no tiene distancia ni tamaño. Este aparte debe ser tenido en cuenta, al hablar de la ley de la atracción de lo semejante.

La única diferencia está en el punto de vista, que hace relación con la forma y el tamaño.

• Todo posee un ciclo en su existencia, todo vibra en la misma esencia, pero existen miles de escalas de diferente vibración, la verdadera magia consiste en conocer y utilizar las diferentes escalas, sintonizarse con lo que se desea, rechazar para atraer, atraer para rechazar, quien esto comprenda, habrá descubierto una de las más grandes claves de la magia, para abrir la puerta al poder.

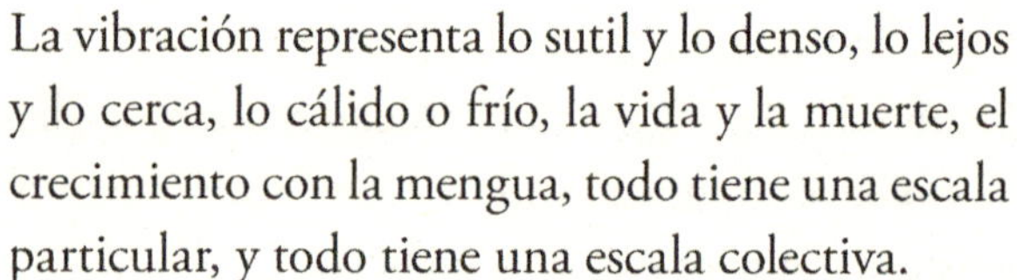

La vibración representa lo sutil y lo denso, lo lejos y lo cerca, lo cálido o frío, la vida y la muerte, el crecimiento con la mengua, todo tiene una escala particular, y todo tiene una escala colectiva.

Los pensamientos, las emociones, la materia, el espíritu, todo vibra en diferentes escalas que se transmutan mediante el deseo y el poder de la mente.

Mediante un pensamiento se cambia la vibración de un deseo, mediante los actos se cambian las vibraciones de la materia, mediante la magia se cambian las vibraciones de la vida.

• Todo cuanto existe, tiene su contraparte, todo es dual, todo posee dos extremos, la misma esencia en diferente vibración, todo es una triada de tres fuerzas, una esencia y dos complementos, o dos polos. El sentimiento es al mismo tiempo amor y odio, la libertad es al mismo instante buena o mala, la temperatura es fría o cálida.

• La vibración nos lleva del uno hacia el otro, más denso o menos denso, más activo o menos, más fuerte o menos fuerte, los extremos son lo mismo en diferentes vibraciones, el amor y el odio son el mismo sentimiento, solo en polos diferentes.

• Todo posee un ciclo, un ir y venir, todo se atrae y se aleja, todo es un péndulo que oscila entre los dos extremos, en la vibración de cada energía en particular.

• Todo obedece con las fuerzas del cambio, una balanza que mantiene una velocidad en la búsqueda del equilibrio, la frecuencia es la magia, entre un extremo y otro, quien descubre la armonía de la compensación, descubre el arte de la magia.

• La vida en todas sus representaciones, tanto las sutiles como las densas, se mueve en una constante oscilación, la compensación es el equilibrio,

las olas del mar vienen y se van, los veranos anteceden los inviernos, y preceden los inviernos, todo forma un ciclo, la luna, las estrellas, el ritmo mágico de la vida, en todas sus representaciones, marca el inicio, el fin, nuevamente el inicio, el retorno no es más que una partida, en la magia es importante conocer, cuando un determinado suceso está en su inicio o en su decadencia. En todos los eventos del ser este principio actúa, la ventaja del mago es usar el principio a favor y no en contra.

• Todo genera un cambio, todo construye y destruye, todo suma y resta, todo produce algo nuevo, todo existe para dejar de existir, todo se auto contrae para volver a dilatarse, nada es estático ni estable, todo es cambiante en la transformación, todo es una causa que genera otra causa y otra más, nunca se termina y nunca existirá el efecto, solo se generan causas.

Todo es la suma de causas. Quien se convierte en causa, genera causa del cambio en la esencia de la libertad, hacia el extremo del bien, hacia el extremo del mal. Y las dos serán para transmutar.

Cada acto, por simple que parezca genera una serie cambios, la semilla en su pequeñez genera la grandeza, todo pensamiento cambia un punto

de vista, todo es una causa, el mago; conocedor de este principio, crea causas en la mente, genera cambios, utiliza el pasado como semilla para obtener en el futuro un fruto, de esa forma triunfa y logra crear.

• La vida, genera constantemente en sus dos polaridades, lo femenino y lo masculino, una constante unión perpetua de la dualidad, para el mago, la generación de un acto u operación mágica está basado en este principio, saber cuándo es generador y cuando es gestador.

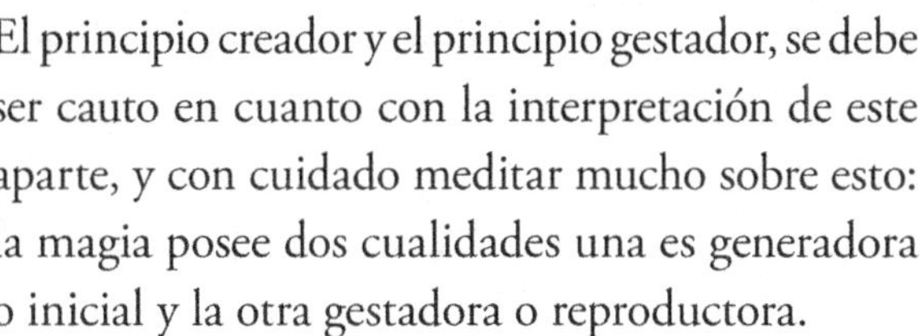

El principio creador y el principio gestador, se debe ser cauto en cuanto con la interpretación de este aparte, y con cuidado meditar mucho sobre esto: la magia posee dos cualidades una es generadora o inicial y la otra gestadora o reproductora.

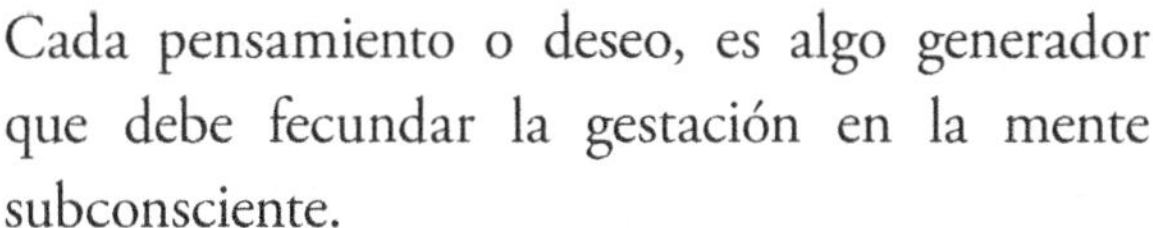

Cada pensamiento o deseo, es algo generador que debe fecundar la gestación en la mente subconsciente.

Cada acto es fecundado en la matriz de la vida, se debe comprender muy bien cuál es la esencia gestadora y cuál es la esencia generadora en cada acto mágico.

En otras palabras, se debe analizar en la magia, cual es la parte femenina donde gestar la magia con la parte masculina o fecundadora.

El mago que esto conoce aplica el principio; fecunda o siembra la semilla de su deseo en la matriz fecundadora de lo que quiere obtener, se debe meditar en lo femenino de todo y en lo masculino o fecundador de todo y así se logra obtener cuanto se desee.

Las diferentes fases o principios de la magia actúan de acuerdo con la intención del mago, es él, en definitiva, quien polariza un determinado efecto, bien para construir o bien para destruir.
Para comprender mejor este grimorio, es importante aclarar un concepto el cual tiene un infinito de representaciones, cada mago debe estudiar y meditar diariamente en esta circunstancia, para no caer en conflictos con su mundo mágico.

Antes de ingresar al tema que más apasiona, los rituales y las influencias que estos generan, es sumamente importante adquirir algunos conocimientos, sin duda le darán mayor sabiduría.

Vimos que todo en la vida es dual, o tiene o posee dos extremos, la polaridad, de manera misteriosa

hace que el universo cual balanza pasa de un extremo a otro, al igual la mente de un estado a otro, la materia, la vida, todo en conjunto, pero... frente a esta situación se presenta un elemento extraño poderoso y peligroso la libertad.

¿Qué es libertad?

Se conjetura que la libertad es la acción de acuerdo con el deseo, sin leyes, reglas, limitaciones, es simplemente actuar, bajo una convicción, sin aceptar ninguna restricción.

La libertad posee dos extremos, dos polos, extraordinarios, el bien y el mal. Tomando el bien como la libertad "*supuesta*" constructiva, y el mal como la libertad "*supuesta*" destructiva.

Usted que lee estas líneas es un aprendiz de mago, antes de hacer magia hay que pensar muy bien, en la libertad. quienes tienen más dinero, guarde bajo el colchón, como lo hacían los abuelos. Notará el cambio.

¿Pero realmente existe lo bueno o lo malo? ¿Qué es lo bueno y qué es lo malo y para quién?

Este tema es la base del pensamiento en todas sus probables representaciones, las religiones se lucran, buscando acabar con lo que consideran el mal o demonio, por imponer lo que consideran bueno o divino dios, el conflicto eterno entre ángeles y demonios.

La gran mayoría de personas "*sugieren*" que la magia en su polaridad oscura pertenece al mal, que es fruto de los demonios y que tiene un poder mayor que la magia blanca.

Y tienen razón, posee un poder mayor, pero... la magia oscura en su poder creador no es mala, sino trasformadora.

Qué es bueno, creemos que lo bueno es todo aquello que produce felicidad, bienestar ganancia, estabilidad, seguridad, etc. Que lo bueno es cuando suplimos los caprichos y no necesitamos esforzarnos demasiado para lograr un objetivo.

Y lo malo, cuando se presentan las dificultades, la negación, la destrucción, el ser perdedor, cuando existen obstáculos, cuando los caprichos no se realizan y llegan los problemas.

Para un mago no existe el bien o el mal. Es en este aparte donde nace el poder de la magia, cada aprendiz debe evaluar con cuidado, de su entendimiento dependerán sus actos mágicos.

Ahora bien, el concepto del bien trae implícitamente el mal, la ganancia de uno es la perdida de otro, si la balanza se inclina a favor para uno, para otro, se inclinará en contra.

Si para otro se inclina a su favor, para uno se inclinará en contra, hallar el equilibrio es el trabajo del mago, entonces al hablar del bien o del mal, es importante mirar que el concepto de la armonía no reconoce lo uno o lo otro, sino que busca el complemento entre los dos extremos de la libertad.

Si analizamos el bien y el mal bajo las reglas de la magia, encontramos que el mal como tal no existe, y el bien como tal no existe, son el ritmo constante del equilibrio de la vida, una causa gestada, un acto causado, un momento de equivocación genera todo un cosmos de situaciones, algunas positivas otras negativas, pero en conclusión todo suceso nos lleva al avance y la mejora, así al inicio se suponga que es malo, en otro concepto concreto, el bien o el mal son en definitiva el sabio uso de la estrategia.

Cada cual es generador de sus propias causas, nada ocurre por azar, nada sucede sin estar extraordinariamente entrelazado, todo obedece a una causa, quizá desconocida, no existe lo malo, ni lo bueno, solo alternativas.

Nada pasa sin una razón, cada ser, cada mago, construye su deseo, no se está eximido de caer en determinadas situaciones, no causadas por uno, sino generadas por otros y por otras leyes desconocidas, que de alguna manera gobiernan la vida.

Con esta premisa, con un análisis lógico y racional; podemos comprender que el mago actúa, de acuerdo con la causa deseada en la búsqueda del equilibrio, bien de él, bien de los demás.

Inevitablemente en esa búsqueda alguien ganará, y alguien perderá.

Ahora: para armonizar una determinada situación, el mago o aprendiz debe recurrir a los iguales, a lo semejante, el mal se combate con mal, y el bien con el bien, algunos dogmas sugieren lo contrario, la vieja expresión: "***si te dan una bofetada en la mejilla izquierda, coloca también la derecha***", esa expresión aparente de

bondad, humildad, sometimiento, no cabe en la vida, luego de dos bofetadas se continuaría en el sometimiento total y la balanza se caería, el que golpea, tomaría el mando, y eso para él sería bueno, y para el golpeado sería malo.

Este aparte como recomendación es complementado con el libro, ***El Testamento del Demonio.***

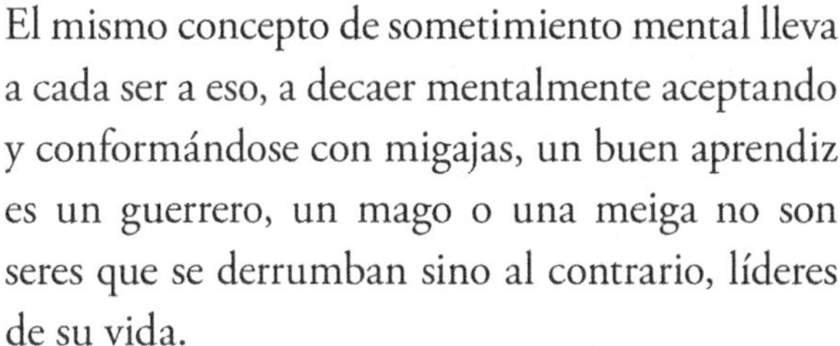

Al actuar, el mago ingresa en los confines de lo extraordinario, el mundo oscuro de lo mágico, el mundo que desarrolla más poder.

El mismo concepto de sometimiento mental lleva a cada ser a eso, a decaer mentalmente aceptando y conformándose con migajas, un buen aprendiz es un guerrero, un mago o una meiga no son seres que se derrumban sino al contrario, líderes de su vida.

En sí, el enemigo más poderoso que posee cada uno, es su propia limitación y sus propios pensamientos justificados en la negación.

Existe en la magia, algunas leyes que son importantes de aplicar en cada acto mágico. (*Véase el libro* ***Ley del Efecto Invertido***)

Ley de la atracción de lo semejante

Para comprender esta ley se debe analizar los dos planos donde actúa:

- El plano mental o espiritual
- El plano físico

En el plano mental; lo semejante atrae lo semejante, el amor al amor, el odio al odio, oro al oro, riqueza a riqueza y así sucesivamente, en otras palabras, en el plano mental o espiritual lo semejante se complementa aumentado. Se tiene amor se atrae más amor y será más grande el amor.

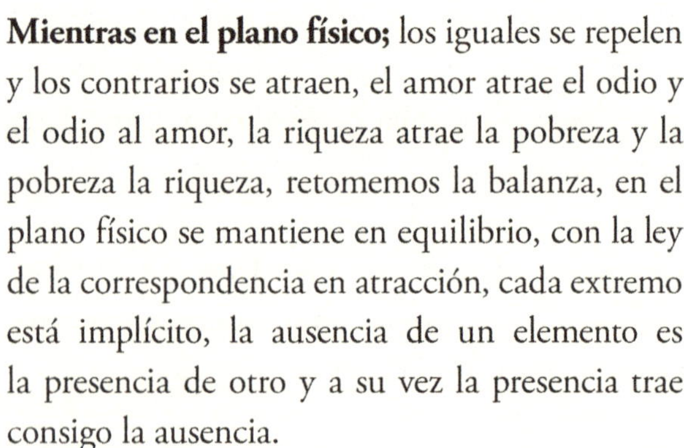

Mientras en el plano físico; los iguales se repelen y los contrarios se atraen, el amor atrae el odio y el odio al amor, la riqueza atrae la pobreza y la pobreza la riqueza, retomemos la balanza, en el plano físico se mantiene en equilibrio, con la ley de la correspondencia en atracción, cada extremo está implícito, la ausencia de un elemento es la presencia de otro y a su vez la presencia trae consigo la ausencia.

- Un gran amor termina por ser odiado, sino se mantiene el equilibrio.

• Demasiada riqueza traerá penurias y sufrimiento.
• Un odio muy intenso estará siempre a un paso del amor.
• La pobreza atrae la abundancia.

La lista sería interminable, de los conceptos en el plano físico, la sucesión o ritmo del cambio, altera de manera extraordinaria el devenir de la vida, época de abundancia, contra época de escasez, tristeza y alegría, salud y enfermedad.

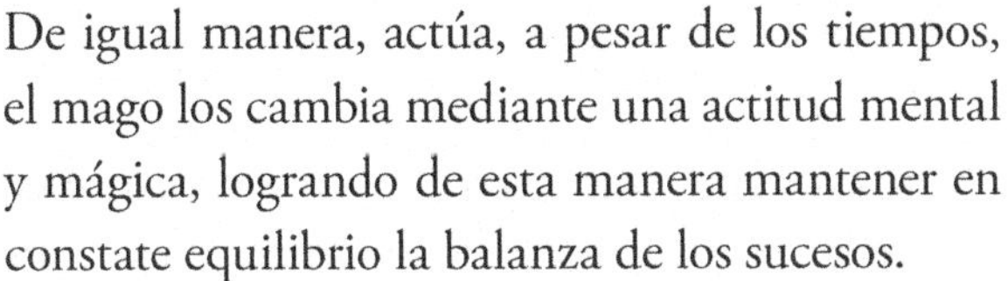

El mago, conocedor de los ciclos del cambio aprovecha las situaciones que se presentan para armonizar y cambiar o transmutar, lo no deseable en lo valioso.

De igual manera, actúa, a pesar de los tiempos, el mago los cambia mediante una actitud mental y mágica, logrando de esta manera mantener en constate equilibrio la balanza de los sucesos.

Al mismo tiempo, reconoce los tiempos en el plano físico, estaciones, fases de la luna, la armonía de los cuatro elementos, Agua, Tierra, Aire y Fuego, los elementos de la magia, objetos, días, horas, lugares, todo esto forma parte de los cambios que se desea promover.

Al utilizar la ley de la atracción de lo semejante, se crea un engaño hoy conocido como ilusionismo, utilizado antiguamente por los cazadores, los cuales se disfrazaban del animal que querían casar, de esta manera, se camuflaban lográndose acercar, así el mago también actúa, ser semejante con lo que se desea atraer o alterar.

La magia va más allá, todo cuanto existe tiene su representación, la medicina botánica relaciona plantas por su forma, sabor, contenido, con algunas partes físicas, determinados elementos corresponden a su igual en el ser humano, determinadas creencias consideran que esta ley de la atracción de lo semejante se da en todos los ámbitos de la vida.

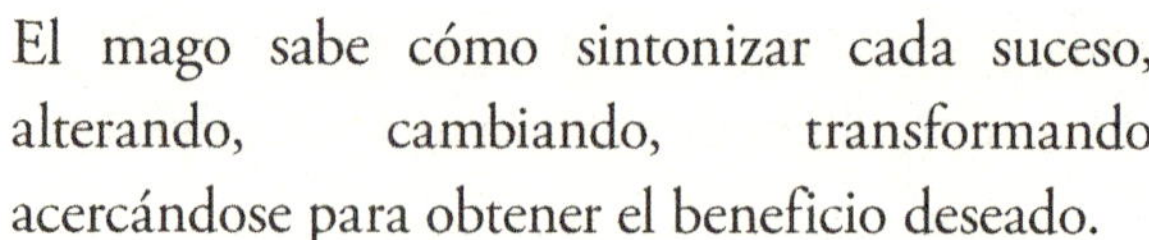

El mago sabe cómo sintonizar cada suceso, alterando, cambiando, transformando acercándose para obtener el beneficio deseado.

El uso de esta ley es de vital importancia, la atracción de los iguales; en el campo mental se atraen y potencializan, en el campo físico se rechazan, lo semejante forma parte integral de la base mágica, en cada ritual debe existir una representación de lo que se desea, y de igual manera, se usa en las diferentes mutaciones, la ley

de lo semejante representa en gran medida los elementos del pensamiento, por ejemplo a través de los tiempos, el mago evocaba elementos inexistentes pero les daba vida, construía elementos y objetos, como "*el aliento del dragón negro*", esto significa, el fuego que es realizado con carbón en la noche de luna nueva, lo utilizaba para crear un efecto sobre una operación mágica.

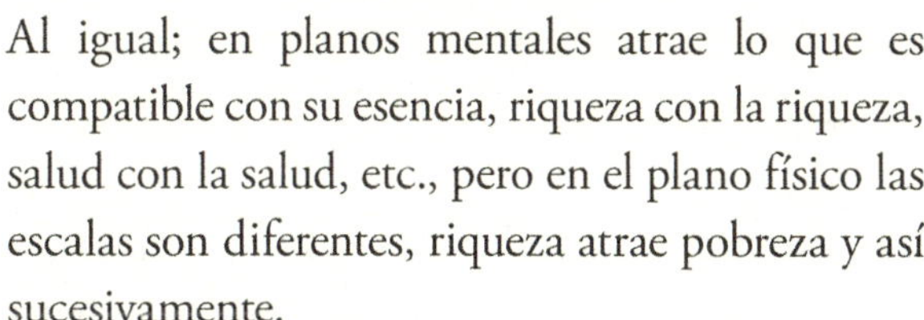

Al igual; en planos mentales atrae lo que es compatible con su esencia, riqueza con la riqueza, salud con la salud, etc., pero en el plano físico las escalas son diferentes, riqueza atrae pobreza y así sucesivamente.

Ley de efecto invertido

Con lo anterior, tanto en el plano mental como en el plano físico, se presenta la ley de los contrarios, una cualidad de la mente algo confusa de entender, uno de los conceptos más importantes de la magia, que muy pocas veces se tiene en cuenta.

Volvamos con la balanza, la balanza; fuera de los platos posee un medidor, una aguja que marca las diferentes variaciones, aplicándola a la magia se comprende mejor la ley del efecto invertido.

En un plato se coloca el amor, en el otro los detalles para conquistar el amor, cuantos más detalles se coloquen, el plato se hace más pesado y el amor menos, lo cual termina en que los detalles son tan pesados que el amor casi no existe. Ley del efecto invertido.

¿Se pensaría entonces que se deben anular los detalles? Al igual, sin detalles el amor se haría tan pesado, que no existirían detalles y la ley del efecto invertido actuaría en contra del amor.

Miremos el proceso para comprender la ley del efecto invertido, una persona enamorada se desvive por darle detalles a otra, pero cree que

cuantos más detalles le dé más atracción habrá, le llama todo el tiempo, le manda rosas cada hora, la acosa, esta situación de tanta presión termina por ahogar el amor, aunque la intención no sea esa. La otra persona rápidamente se aislará buscando protegerse, el posible amor muere.

Al contrario; alguien enamorado espera un detalle de su pareja, detalle que nunca llega, no llama, no escribe, es despectiva, se aleja constantemente, quien está enamorado sufre, y más se apega, no puede alejar al ser amado de su mente, el vacío se hace más intenso, al final de un tiempo de espera un día sin razón ya no espera, la otra persona comienza a sentir el cambio y la balanza oscila, cuando se trata de recuperar ya es tarde el amor ha muerto.

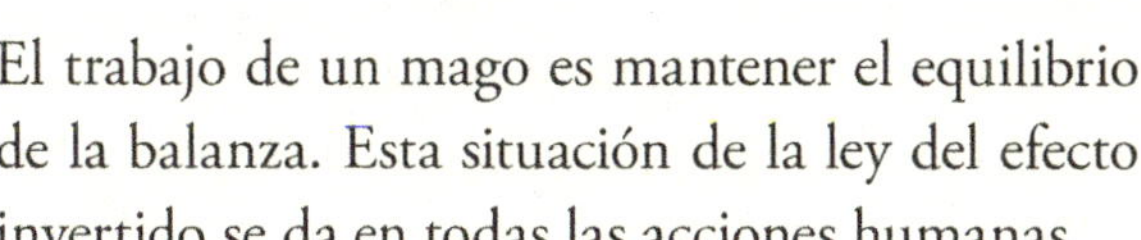

El trabajo de un mago es mantener el equilibrio de la balanza. Esta situación de la ley del efecto invertido se da en todas las acciones humanas.

- Demasiado trabajo, poca ganancia
- Mucho estudio, poco conocimiento
- Demasiado interés, genera antipatía
- Muchas preguntas, ninguna respuesta
- Necedad, negación
- Dar algo por hecho antes de hacerlo, nunca se hará.

- Mucho amor y detalles, sufrimiento y abandono.
- Estar muy pendiente, olvido.
- A ofrecimiento de ayuda, sin que le pidan, abuso y pérdida segura.
- Cuanto más se da, más se pierde.
- Cuanto más se pide, menos se obtiene.
- Cuantas más cuentas se entreguen, menos fe le tendrán.
- A más preocupaciones, menos soluciones.

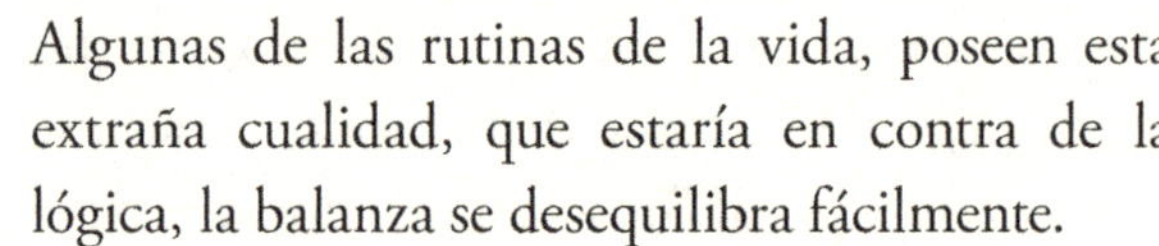

Algunas de las rutinas de la vida, poseen esta extraña cualidad, que estaría en contra de la lógica, la balanza se desequilibra fácilmente.

Como sugerencia:

- Alejarse, para atraer.
- Ignorar, para que le recuerden.
- A grandes triunfos, indiferencia.
- Con la ausencia, se hace más fuerte la presencia.
- Tiempo de cercanía, con tiempo de alejamiento.
- La soledad, trae compañía.
- Persona enamorada, atrae más.
- No busque, y así encontrará.
- Desprecio por el dinero, riqueza y bonanza sin medida.
- Negar una posibilidad, posibilidad aprobada.

El manejo de estas situaciones es algo complejo, se aprende con el tiempo, algunas personas conocen la manera de actuar de forma natural, pero cualquier aprendiz de mago con un poco de disciplina puede aplicarla a su vida cotidiana. Al comienzo se necesita de algo de tiempo para ver los resultados.

Si se está acostumbrado a una situación que no da resultado, cambie la balanza.

- Si presiona demasiado, deje libertad.
- Si busca mucho, ignore.
- Si le hablan, no conteste.
- Deje espacios.
- No corresponda tan rápidamente, deje un tiempo para que le extrañen.
- Evite preguntar y tendrá respuestas.
- No vocifere ni grite, si quiere hacerse escuchar haga silencio.
- Pida disculpas si se equivoca, nunca pida perdón.
- No dé explicaciones, si lo hace nunca le creerán.
- No diga mentiras, pero guárdese las verdades.
- Sea enigmático y misterioso.
- De vez en cuando aléjese del mundo sin avisar, verá cómo le extrañan.

En definitiva; la magia es saber manejar los estados mentales, al inicio le costara trabajo, pero pronto verá los resultados, controle sus emociones y sus impulsos, si desea llegar a ser un buen mago.

Energías cruzadas

La ley del efecto invertido da también como consecuencia, las energías cruzadas, un amor no correspondido que causa mucho dolor, termina por anular las posibilidades de un nuevo amor.

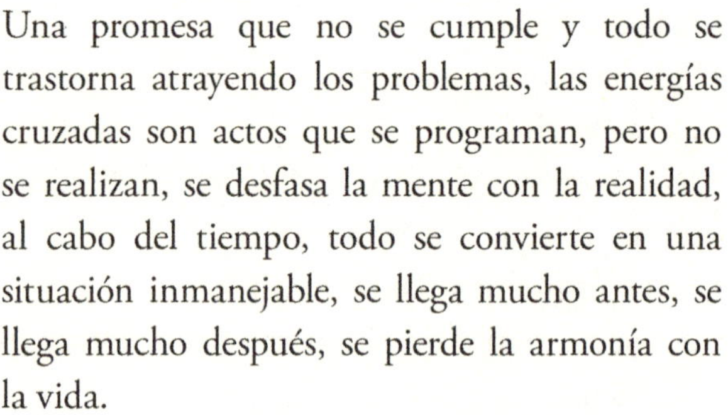

Una promesa que no se cumple y todo se trastorna atrayendo los problemas, las energías cruzadas son actos que se programan, pero no se realizan, se desfasa la mente con la realidad, al cabo del tiempo, todo se convierte en una situación inmanejable, se llega mucho antes, se llega mucho después, se pierde la armonía con la vida.

Cuando esto pasa, es prudente revaluar los actos que se dejaron de realizar y retomar el rumbo, nada es peor para un mago que tener las energías cruzadas, excepto que conozca por experiencia cuando cruzarlas, para liberar una operación mágica.

Ley de efecto dominante

En la magia, esta ley es importante, es el sendero por el cual el mago deambula para dominar y controlar y no ser dominado ni controlado, es el arte de la sutileza del engaño (mágico) es dominar sin controlar, sin imponer, es descubrir la manera de influir con suavidad para someter.

Hagamos una experiencia mágica de poder y así sabremos si usted lo posee para ser mago.

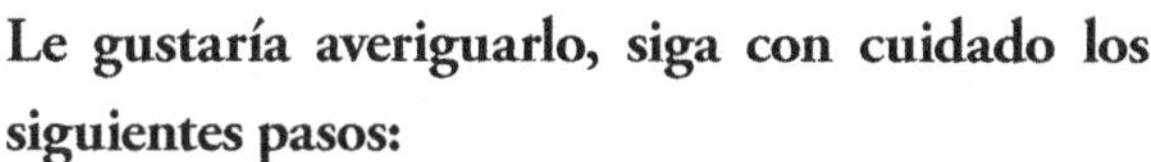

Le gustaría averiguarlo, siga con cuidado los siguientes pasos:

• Por favor, quítese el reloj, pulsera y anillos antes de continuar con la lectura...
• Sentirá algo especial en su piel, si quiere sentir energía despójese de eso y colóquelo al lado izquierdo de donde usted está...

Si se encuentra en un lugar donde no puede hacerlo, entonces no debe realizar la siguiente práctica.

• Una sus manos en posición de oración, pero sin que se peguen...

• Posiblemente le incomoda la blusa o la camisa, desapúntela por favor, así estará cómodo y más relajado…

• Muy bien siga leyendo, no cree que sería más cómodo y más agradable ¿Si se quita los zapatos?...

En ocasiones, el contacto directo con la tierra, hace que las energías se armonicen, se descarga la energía acumulada del cuerpo, se hace un polo a tierra. Es mejor de vez en cuando caminar descalzo.

• Muy bien ahora piense, acercando las manos…

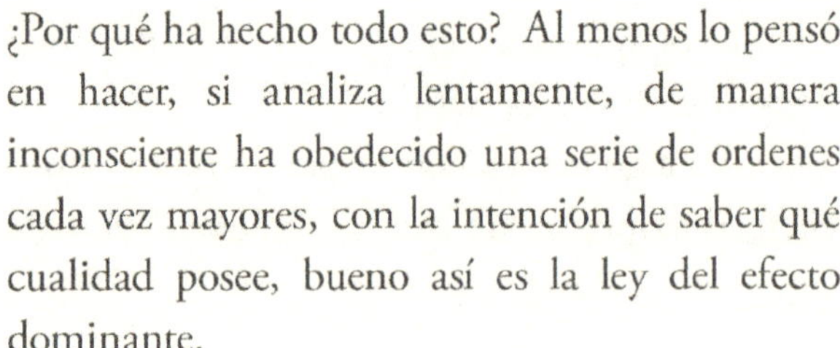

¿Por qué ha hecho todo esto? Al menos lo pensó en hacer, si analiza lentamente, de manera inconsciente ha obedecido una serie de ordenes cada vez mayores, con la intención de saber qué cualidad posee, bueno así es la ley del efecto dominante.

Se comienza por crear una atracción de la mente a algo o alguien con alguna característica o sugestión, luego de manera muy sutil, con premios y castigos indirectos, se va "*entrenando*" la mente para que obedezca, lentamente, sin afán, se generan ordenes, al comienzo simple, fáciles de ejecutar, luego más complejas, así se llega a

dominar con sutileza, ahora bien, este aparte actúa tanto para someter a otra persona como para estimularla a mejorar su vida, depende del mago y su intención.

El arte de dominar es complejo y requiere de gran sabiduría y gran sentido de amistad, la obediencia es una frágil línea que separa la mente subconsciente de la razón, una pelea, un regaño, una discusión, un enfrentamiento y todo se abra terminado, y difícilmente se volverá a obtener la misma influencia, mientras, al contrario, cuanto más se logre el estímulo, la dominación dará paso a la dependencia, luego la costumbre y la entrega, será total.

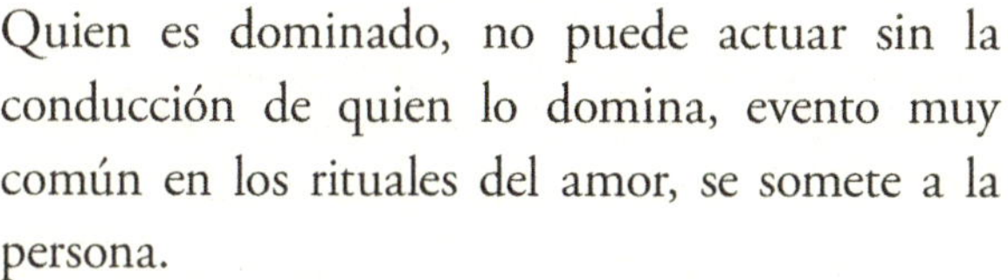

Quien es dominado, no puede actuar sin la conducción de quien lo domina, evento muy común en los rituales del amor, se somete a la persona.

Esta ley es de dos vías, bien construye o bien destruye, al igual, cada persona puede evitar ser influenciado y dominado con un elemento simple y fácil de hacer, aprendiendo a decir ¡No!.

Pensando siempre en por qué y en el para qué. Siendo prevenido y estando atento a los comentarios y sugerencias, un buen mago posee

mil maneras indirectas de influir, sin que la persona se dé cuenta, tanto directamente como a distancia.

Hoy, la publicidad se basa en esa línea tenue de influir y hacer que alguien adquiera un determinado producto.

Grandes masas han sido dominadas por un líder, que, mediante el manejo de la ley del efecto dominante, acompañado de premios y castigos someten a sus seguidores, sin que se den cuenta, llegando hasta el extremo de producir la despersonalización.

Veámoslo:

Es de tener cuidado con el manejo y uso de esta ley, mas no hay nada que impida usarla, aquí se abre una puerta algo conflictiva, se dice: "***No hagas a nadie lo que no quieres que te hagan***" pero eso es relativo, se hace lo que en el fondo se quiere hacer, la ética, la honestidad, la lealtad, la fidelidad, la educación, las creencias, la entrega, la sumisión, la rectitud, todo eso que ha caracterizado una civilización o una cultura, en cuanto prime el deseo de alcanzar ideales, **eso no existe.**

De lo cual se deduce: en la lucha por la vida todo vale la pena, aun la frase de Maquiavelo que "***El fin justifica los medios***"

Podrá sentir que lo que lee, no encaja con sus valores morales, pero este no es un libro moralista, sino un tratado de alta magia, pero antes de hacer juicios, siga leyendo se sorprenderá.

En la historia de la humanidad se encuentran conspiraciones, traiciones, intrigas, tramas con los más bajos actos, pero que llevan a un supuesto éxito.

El mundo oculto que no se ve, la verdad aparente y disfrazada como método de sometimiento, en pos de beneficios, la creación de necesidades inexistentes para obtener ganancias, o lograr un fin.

Aquí es donde un mago, un buen mago, utiliza las leyes para encontrar un sendero, puede parecer inexacto lo que lee, pero el mundo está lleno de engaños e interés, es difícil imaginar cuantas personas recurren a todo esto, por obtener beneficios, hoy solo basta hojear cualquier periódico para descubrir que se va… aún más lejos.

Ahora bien, que tiene todo esto que ver con la magia, pues que cada mago debe aprender el arte de la estrategia, que es otro elemento extraordinario para crear o neutralizar, aumentar o disminuir, los elementos que se utilizan para ganar.

Si ha seguido el texto, se dará cuenta, que, la ley del efecto dominante contiene un sinnúmero de raíces que forman un compendio de poder.

La magia no es solo la ejecución de un ritual, la verdadera magia es el equilibrio de las fuerzas y para lograrlo hay que conocer las leyes que influyen en la vida.

Bajo este orden de ideas queda un pensamiento, ¿Cómo actuar? Aquí entra el conocimiento el bien o el mal, no existe, cada mago es un luchador y constructor de propio imperio, y no hay una medida para un imperio, la unión con la naturaleza nos permite evaluar, que solo los fuertes sobreviven y los débiles decaen.

Esa es una ley, pero… cada persona deberá exigirse para vivir y hasta donde deba llegar, dependerá de la sabiduría de cada cual, hay luchas en la vida que requieren de eventos no comunes.

Para no ir tan lejos, en la selva donde las fuerzas son libres, donde se lucha por subsistir se presenta todo lo anterior, los lobos, grandes depredadores, poseen una asociación extraña, ágiles, inteligentes, sagaces, astutos, crean todo el drama anterior para obtener su beneficio, y las presas, simplemente se someten y mueren.

A usted que le gustaría ser ¿La presa o depredador?, ¿Hasta dónde?, Usted ha utilizado consiente o involuntariamente algo parecido, para obtener un beneficio. ¿Acaso de alguna manera, no ha recurrido a algo similar?

Un buen mago, reconoce cuando realmente debe luchar y cuando existen luchas que no valen la pena intentar, al igual que en la naturaleza, no se debe gastar energía en lo banal.

OPORTUNIDAD MÁGICA

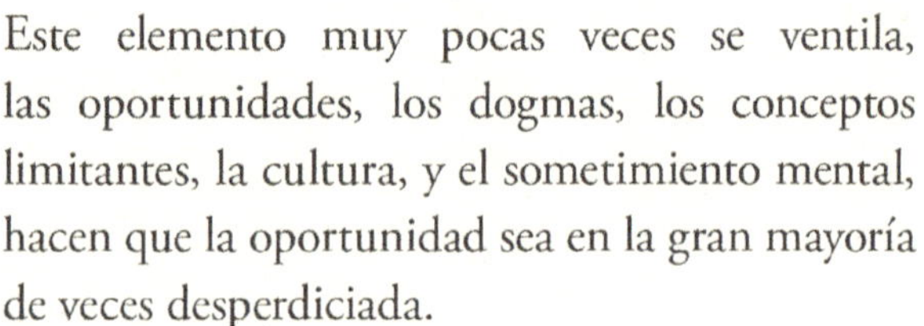

Todo debe ser aprovechado, todo debe ser intentado, todos los recursos deben ser utilizados en lo que se desea, si la oportunidad se pierde por negligencia, temor, ansiedad, presentimiento, la oportunidad jamás regresará.

Este elemento muy pocas veces se ventila, las oportunidades, los dogmas, los conceptos limitantes, la cultura, y el sometimiento mental, hacen que la oportunidad sea en la gran mayoría de veces desperdiciada.

Las oportunidades no regresan, el mago al igual que la naturaleza, aprende a aprovechar cada oportunidad, de esta manera, triunfa, para lograrlo se requiere dedicación, astucia, sagacidad, riesgo y osadía, pero ante todo análisis, si la oportunidad es favorable se acepta, si no lo

es, se descarta, depende de la energía invertida y la que se puede ganar.

En este aparte; es prudente aclarar nuevamente, este es un tratado de magia, un mago o bruja, no se hacen para ser perdedores, un imperio no se crea para ser derrotado, una empresa no se funda para fracasar.

La vida no es para desperdiciarla, existen limitaciones mentales impuestas, pero al analizar con cuidado, quienes imponen esas limitaciones se aprovechan de las oportunidades que les brindan los que se han limitado, la cadena de sometimiento del mundo, una nación progresa, aprovecha todas las oportunidades comerciales que pueda en el momento justo, la oferta y la demanda.

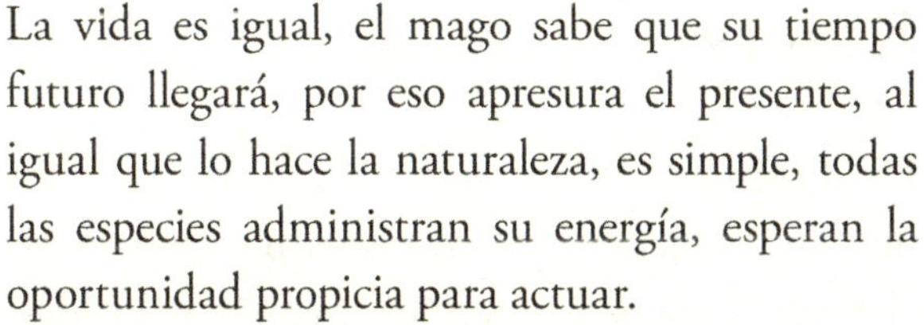

La vida es igual, el mago sabe que su tiempo futuro llegará, por eso apresura el presente, al igual que lo hace la naturaleza, es simple, todas las especies administran su energía, esperan la oportunidad propicia para actuar.

Esa es la vida, y esa es la fuerza de la magia, quien quiere llegar muy lejos mágicamente debe tener en cuenta estos preceptos, existen muchos detractores, que de acuerdo con sus

conceptos piensen en la sumisión, la paciencia, el conformismo y la resignación, piensan que si actúan sus actos son pecados, pero un buen mago, es un árbol, o se mantiene, crece y da fruto o se muere, así de simple.

Bien, ¿Aun continua conmigo? Perfecto, eso quiere decir que está pensando, meditando y algo confundido, quizá esperaba una cantidad de rituales, y una serie de fórmulas, eso será más adelante, por ahora es prudente comprender, la esencia de la verdadera magia.

Tres situaciones son importantes tener en cuenta.

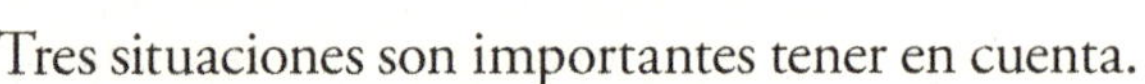

- **El tiempo**
- **La vida**
- **El misterio**

El tiempo

Es el elemento más valioso del mago, he aquí uno de los secretos más celosamente guardados, el tiempo, todos los eventos mágicos dependen de él, el mago conoce las variaciones de los ciclos, la transformación de la naturaleza, la fuerza del cambio temporal sabe de antemano que aun su propia vida (la del mago) está sujeta al tiempo.

Los ciclos cósmicos, los ciclos solares, las fases de luna, el ritmo de los cuerpos, las diferentes mutaciones entre luz y oscuridad, el conocimiento mágico de este tema da al mago una gran ventaja, entre el crecimiento y mengua, sabe cuándo actuar.

Las horas de los días, los meses, el reloj cósmico, toda esta información, para evitar transcribirla, la encuentra en los demás libros de la Escuela de Magia.

Ahora, el mago conociendo que el tiempo es estático en un eterno presente, comprende que el tiempo pasado deja un eco, utiliza ese eco para actuar en el presente y proyectarse al futuro, es algo un poco complejo.

Veámoslo:

Usted está hoy en este mundo.

Su pasado no es cambiable, pero dejó una huella, bien de éxito o bien de fracaso, quedo la experiencia y el conocimiento, pero en el fondo ya no cuenta, el pasado está muerto.

Ahora; ese conocimiento se analiza en el presente, y con la valoración hecha, se avanza hacia el

futuro, pero es ahí donde el mago crea un disfraz en el tiempo para conjurar el futuro, o mejor cambiar el presente, cada aprendiz debe tener en cuenta que el presente es el eco del pasado y el futuro los actos del presente.

De esta manera, y con una proyección mental, el mago controla el tiempo, a través de planes concretos, sin improvisar, sin salirse de su deseo, lo conquista, ahí es donde la ley del efecto dominante debe actuar. El que esto comprenda, logrará entrar al templo.

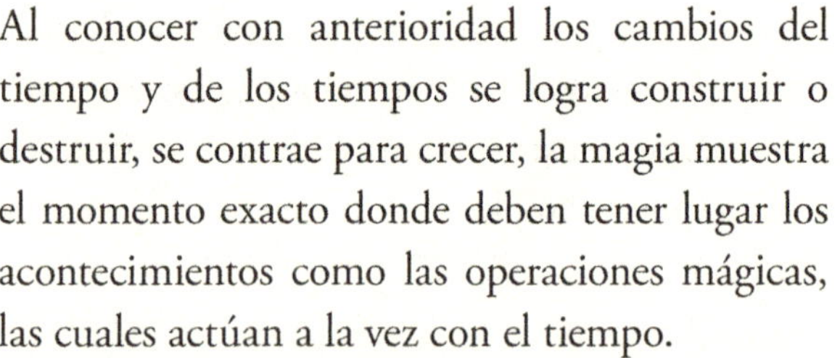

Al conocer con anterioridad los cambios del tiempo y de los tiempos se logra construir o destruir, se contrae para crecer, la magia muestra el momento exacto donde deben tener lugar los acontecimientos como las operaciones mágicas, las cuales actúan a la vez con el tiempo.

Pero, se debe aclarar, para el mago el tiempo es subjetivo y relativo, esto quiere decir que el tiempo mental no corresponde con el tiempo físico, para un mago el pasado puede ser futuro, el futuro pasado, y el presente no existe, genera pensamientos que alteran diferentes ritmos y ciclos de la vida, de esto se desprende las capacidades visionarias de algunas personas, premociones, clarividencia, retrocognición, de estos fenómenos

no afectados por el tiempo presente, nacen las mancias.

De igual manera; para el aprendiz se debe hacer hincapié en la contracción y dilatación del tiempo.

Esto se logra, mayor atención e interés en un acto, el tiempo se acorta.

Acto sin atención, aburrimiento, espera, el tiempo se dilata, el mago al dominar el tiempo mental actúa de acuerdo con sus deseos y logra en cierta manera transformar el tiempo a su acomodo.

Cuando se desea crear un hechizo, un conjuro, una materialización, el mago imagina, siente, y actúa con base en su deseo.

Dos situaciones son importantes:

• La primera, que si el deseo es personal se debe auto imaginar con lo que desea, ejemplo un carro: se debe imaginar conduciéndolo, sintiéndolo, crear en la mente la imagen más nítida posible.

• La segunda; el tiempo y el lugar en que se desea que ocurra, la imaginación y la auto imaginación, crean un efecto en el tiempo espacio.

De esta manera, se puede utilizar la técnica telepática hacia el futuro, hoy usted existe, puede enviar un mensaje en su mente, a usted mismo en el futuro, ¿Qué le gustaría obtener años adelante? ¿Cómo quisiera estar?.

Si la imagen creada es lo suficientemente fuerte, todas las causas generarán los elementos que se requieren para que así sea.

Indudablemente se debe actuar en el tiempo presente de manera constante, nada ocurrirá en el futuro que no sea generado hoy.

La vida

El tiempo relativo entre el nacer y el morir, cada aprendiz de mago o meiga debe conocer de antemano el límite del tiempo en la vida, la existencia, los avatares, las diferentes situaciones, proyectando su existir en las posibilidades del tiempo.

No solo la vida del mago es lo importante para él, todas las vidas, todos los seres, aun el cosmos distante, coexiste en el tiempo del mago.

Cuando el alumno comprende este valor, proyecta su existencia hacia el futuro, viviendo el

presente, sin ataduras, sin yugos ni contemplando el pasado.

Es importante tener en cuenta la vida, los momentos, el avance, la ocupación y aprender el sentido mágico de la existencia.

En las artes, la vida del ser se asocia con las estaciones y la naturaleza, de esta manera, cada mago logra darle un tiempo y la importancia que realmente tiene, iniciando por el primer acápite.

El cuerpo

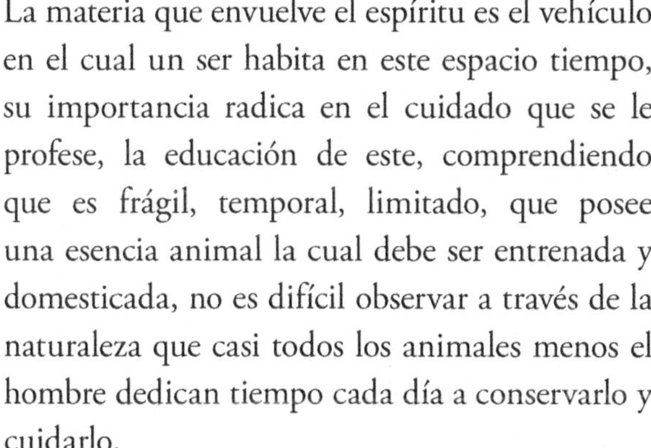

La materia que envuelve el espíritu es el vehículo en el cual un ser habita en este espacio tiempo, su importancia radica en el cuidado que se le profese, la educación de este, comprendiendo que es frágil, temporal, limitado, que posee una esencia animal la cual debe ser entrenada y domesticada, no es difícil observar a través de la naturaleza que casi todos los animales menos el hombre dedican tiempo cada día a conservarlo y cuidarlo.

En la magia, se hace relación del ser con las diferentes energías, las cuales llegan a infestar la energía del cuerpo. Por eso un mago, aprende desde pequeño a controlar con la mente las

necesidades de su cuerpo y a exigirle, un cuerpo saludable permite muchos años de vida, evitando enfermedades, decaimientos, pereza, desanimo, cansancio, y un cuerpo entrenado permite la culminación de las tareas de la vida.

Al contrario; un cuerpo descuidado, enferma con facilidad, un cuerpo enfermo es nido de la pereza, el abandono que atrae la pobreza, la desolación, la agonía, se deteriora lentamente atrayendo el sufrimiento.

El hombre al no tener depredadores naturales inicia un proceso agónico de muchos años.

Etapas de la vida

Nacimiento:

Se asocia con la primavera, es la época del descubrimiento, infortunadamente las diferentes culturas imponen en el comienzo una serie de normas, algunas limitantes que permanecerán toda la vida.

El ser, acaba de nacer, durante los siguientes diez años, descubre el mundo que le rodea, aprende a vivir en una sociedad, libera de su yo interior, cualidades que marcarán su vida, si es bien

educado logra aprender los conocimientos base de su existencia.

Durante esta tierna edad, su capacidad mental es increíble, puede aprender y absorber conocimientos de una manera casi automática los cuales se graban de manera indeleble, es el momento donde se deben sembrar las semillas del futuro.

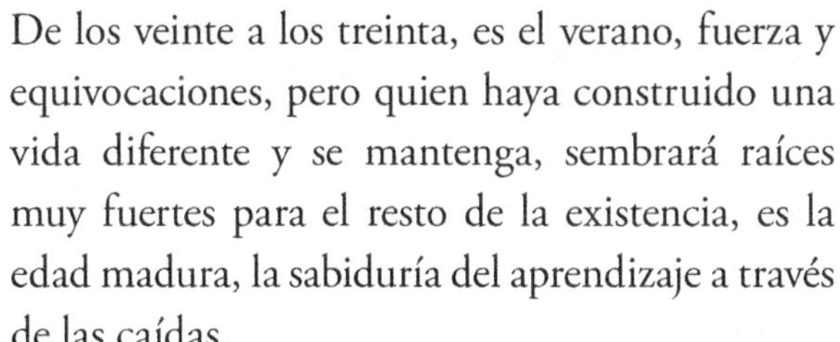

Entre los diez y veinte años se llega al inicio del verano de la vida, organiza y proyecta en su pensamiento su futuro, llegan los cambios tanto físicos como mentales, su cuerpo le exige la preparación, es la parte de la vida más compleja donde lo aprendido se mantiene o se pierde.

De los veinte a los treinta, es el verano, fuerza y equivocaciones, pero quien haya construido una vida diferente y se mantenga, sembrará raíces muy fuertes para el resto de la existencia, es la edad madura, la sabiduría del aprendizaje a través de las caídas.

De los cuarenta hasta casi los cincuenta y cinco años, es el final del verano, época de muchos cambios tanto mental y físico, la madurez ha llegado, pero… hay que ser muy objetivo, difícilmente muy difícilmente, sino se hizo nada

en el transcurso de la vida, menos se podrá hacer ahora.

Un mago conocedor de los cambios de la vida se apresura desde la juventud a sembrar hacia el futuro, no espera para comenzar cuando ya casi es tarde. De sesenta en adelante comienza el otoño de la vida, la fuerza ha cambiado, los balances de lo vivido son constantes, la vida ha pasado, ahora se inicia otro cambio, la sabiduría adquirida anula los impulsos, hay otros eventos diferentes, si se sembró en el pasado, ahora llega la cosecha.

Ya se llega al invierno, no a la vejez, la vida se hace letárgica, época para sembrar la semilla de la vida en otros, la experiencia produce el estado de satisfacción de lo vivido, o, al contrario, la tristeza de lo abandonado.

Así continuará el invierno de la vida, cada vez más profundo, se debe preparar para esta época desde la primavera, un cuerpo bien cuidado, el deporte, la alegría, son algunos de los elementos que harán del invierno de la vida una grata experiencia, un mago conocedor de esta situación, piensa desde el comienzo en la preparación para esta época tan especial.

Juventud y ancianidad:

La magia hace una alusión a este tema de manera muy clara, la edad del cuerpo no es la edad mental, y así como vimos en un aparte anterior, la concepción de juventud o vejez es solo un concepto netamente mental, se mantiene siempre joven, si así se piensa, o se envejece estando joven, si así se imagina. Eso depende del estado mental de cada cual y su capacidad de actuar, un cuerpo entrenado y activo nunca envejece, un cuerpo sedentario, así sea joven, se destruye, la pereza y la dejadez, son la raíz de la vejez.

El misterio

Cada mago o aprendiz debe estar envuelto en un aura de misterio, eso hace que su presencia tenga ese impacto mágico, la educación, los ademanes correctos, la serenidad que puede impartir de manera natural, el carisma o el temor que genere, son elementos que rápidamente le permiten a un mago o una meiga ganar respeto y crear una influencia.

En las antiguas tribus, los hechiceros usaban mascaras horrendas para intimidar a quienes les consultaba, el vudú realiza expresiones que producen temor, el misterio envuelve a quien se decide en las artes mágicas.

Se logra realizar mediante una disciplina, el mago o meiga que desea generar el misterio debe estudiar, conocer, aprender, saber, y tener una personalidad mágica.

Como sugerencia:

• Cambie su forma de vestir, sálgase del común, sea enigmático.
• Lea mucho, le será muy útil.
• Haga deporte, entrene trate de mantener una imagen física agradable.
• Exíjase en su trabajo, demuestre que usa la magia en su beneficio.
• No diga todo lo que sabe.
• Aprenda a callar, y haga silencio.
• Aprenda el arte de escuchar.
• Trate de no mostrar interés por nada.
• De la sensación que nada le afecta y que domina su entorno.
• Construya de su hogar o sitio de trabajo un templo, donde sea agradable estar.
• No desperdicie el tiempo.
• No caiga en las causas de otro.
• No busque.
• No llame.
• No pida favores, ni demuestre debilidad ante las situaciones adversas de la vida.
• Sea misterioso en todo el sentido de la palabra y recuerde el respeto no se impone, se gana.

Con todo lo anterior, se ingresa al mundo de la magia, no sobra la recomendación de complementar la anterior información con los demás manuales de Wicca Escuela de la Magia.

Las leyendas antiguas nos narran diferentes historias de personajes mágicos y enigmáticos, cuya presencia marco un rumbo para imperios y naciones, no son personajes de ficción sino seres reales, a los cuales se les atribuyo una serie de poderes, ¿Existen realmente esos poderes?

Si así es; ¿Por qué no han retornado? Mirando la magia, la verdadera, diferente con el ilusionismo, pueden ocurrir sucesos de alteraciones físicas, pero un mago que lo realice ¡Jamás hará demostraciones públicas! Ni satisfacer la curiosidad de otros. Aunque como vimos anteriormente, si el fin se justifica, pues se puede caminar sobre las aguas o multiplicar peces o panes, para que la gente "*vea*" algo diferente. O hacer demostraciones de liberación, o sanaciones colectivas, etc., con el ánimo de obtener seguidores.

MAGIA Y BRUJERÍA
Poderes mágicos

¿Puede un aprendiz comenzar a obtener algún tipo de poder?

Sí, pero no como normalmente se piensa, se quisiera levitar, mover objetos con la mente, desdoblarse, etc., aparecer y desaparecer, ser el mago de las películas, todo eso es posible pero más adelante.

Para comenzar a practicar:

Quien desea ser un mago, comienza por hacer magia consigo mismo.

No es una tarea fácil, pero la dedicación la fuerza de la voluntad, el aislamiento, y mucho estudio, son la base de la magia.

El aprendiz que se inicia en las artes debe conocer, las variaciones y ciclos que existen en las diferentes situaciones de la vida, debe comprender como actúa la luna, como el sol, como actúan los elementos Aire, Tierra, Agua y Fuego y lo más importante como actúa la mente sobre la materia.

Debe aplicar el conocimiento en él mismo, comenzando por realizar y concluir las tareas que tenga pendientes.

Uno de los problemas de aprender magia, es controlar la ansiedad, la gran mayoría desea de manera frenética y apresurada, realizar actos mágicos, sin dedicarse a estudiar, y sin ningún compromiso, ese es un impedimento para lograr hacer uso de la magia.

Quien solo desea realizar rituales y no más, este libro no es para ellos, la gran mayoría de personas son atraídas por el mundo mágico, pero de una manera facilista, se desean o se quieren muchas cosas, pero sin realizar ningún acto, se supone que, con un ritual, de una vez se alcanzará la sabiduría, y eso no existe, la magia es un arte de dedicación y poder.

Quién quiere aprender magia, esta es la primera letra. Tanto para la mujer como para los hombres, las siguientes sugerencias le serán de mucha ayuda.

Recuerde un mago se auto realiza a sí mismo

Comenzando:

• No descuide sus cotidianas labores, trate de mejorarlas en todo lo posible, esto le enseñará el arte de la disciplina.

• Sálgase del común, sea diferente, en su manera de vestir, en su presencia, arréglese de manera mística, o excéntrica.

• Aprenda el arte del silencio, no hable, no indague no interrogue.

• Exíjase mensualmente en obtener algo nuevo para usted.

• Estudie, lea, investigue.

• Intente comenzar a forjar en su entorno un mundo mágico.

• Sea el primero en levantarse, acuéstese más tarde que los demás. (Si su ritmo de trabajo se lo permite).

• Aprenda lentamente el recorrido de la luna, tanto en la fase en que se encuentra, como la luna de cada estación. Estudie y mire, analice cada suceso.

• Sea benéfico con usted mismo, haga deporte entrene su cuerpo, aprenda a controlarlo. Edúquese en el hábito de la limpieza diaria.

• Algo importante, no controle, **¡contrólese!**

• Frente a los problemas y discusiones, piense que usted desea obtener sabiduría, cuantos más

conflictos más se entrenará en el arte del control de su mente y la búsqueda de soluciones.

• Piense… si no lo alteran emocionalmente, si no posee problemas, sino se prueba, si no enfrenta situaciones difíciles ¿Cómo aprenderá a superarlas?

• Un mago o una meiga se exigen por ser lo mejor y por obtener lo mejor, no son negligentes, ni perezosos, menos se justifican de lo que no hicieron.

Para no entrar a transcribir otros textos, se recomienda consultar los libros de Wicca.

Con lo anterior, entremos al mundo mágico, los diferentes tópicos que hacen un mago, o crean una meiga, la información dada a continuación, deberá ser evaluada, comparada, estudiada, antes de ejecutar cualquier operación mágica.

WICCA

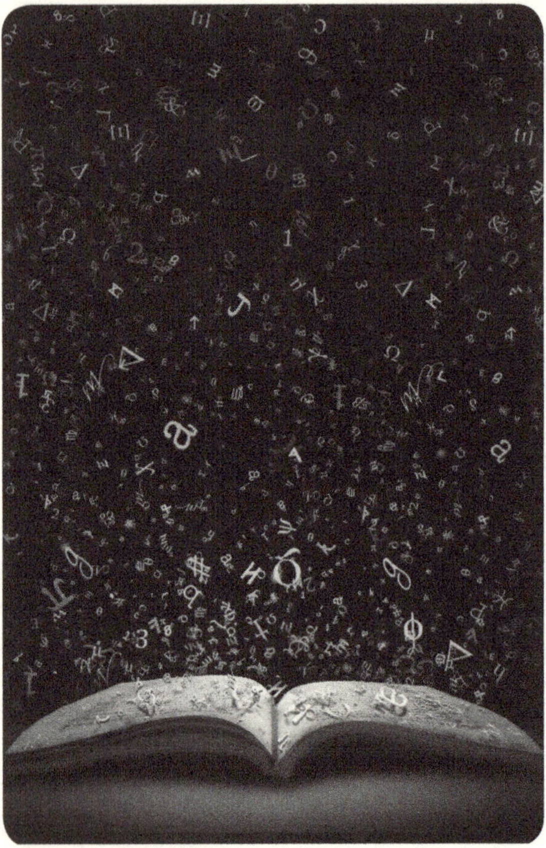

MANUAL DE MAGIA

SIN CUERPO SOLO ENERGÍA O CEREBRO

Ser un mago, no es tan simple, esta técnica mágica acompañó a muchas escuelas en la antigüedad, se trata de comprender algo importante para cada persona que desea "*crear*" una influencia con su mente.

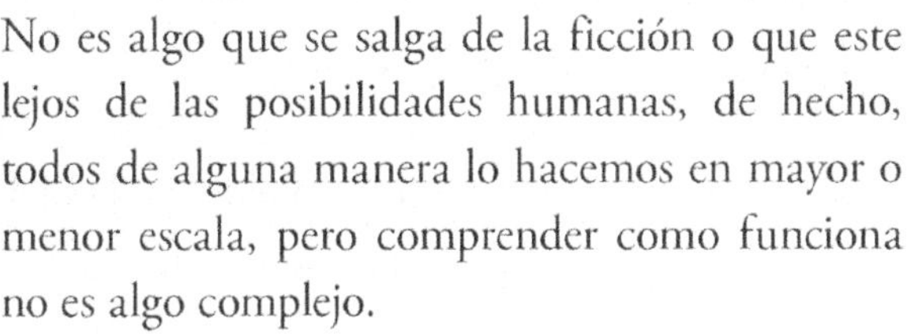

No es algo que se salga de la ficción o que este lejos de las posibilidades humanas, de hecho, todos de alguna manera lo hacemos en mayor o menor escala, pero comprender como funciona no es algo complejo.

Un mago versado en las artes no necesita nada diferente a su pensamiento.

La mente es un universo de energía lleno de poder y fuerza, la cual actúa tanto en el mundo mental como en el universo físico.

Si el mago imagina y da la fuerza suficiente a su pensamiento, genera un poder el cual se materializa en el exterior.

Miremos esto de manera ejemplificada.

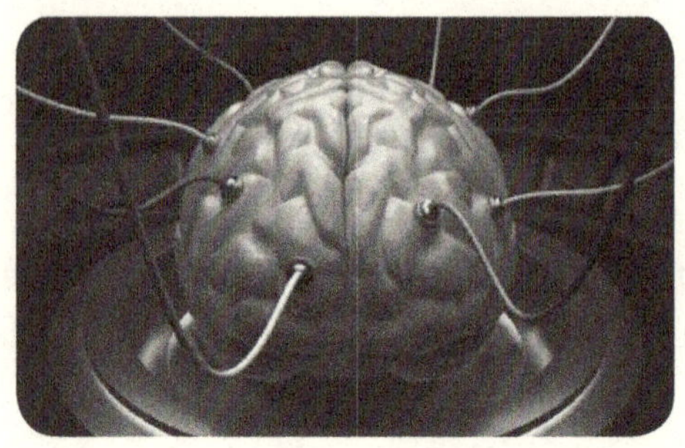

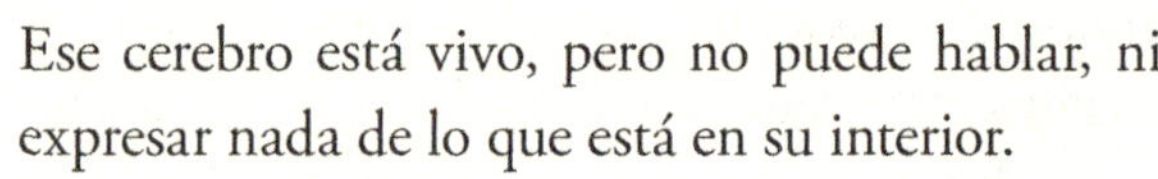

Conjeturemos que una persona pierde su cuerpo, quedando tan solo su cerebro conectado a algún equipo que lo mantenga con vida.

Ese cerebro está vivo, pero no puede hablar, ni expresar nada de lo que está en su interior.

Bien, ahora imagine que usted es ese cerebro, no tiene cuerpo, pero posee una identidad, es usted, con todos sus recuerdos y toda su personalidad.

¿Hacia dónde puede crear?

No tiene manera de comunicarse, bien, aunque lo dudemos, la energía que conforma el pensamiento se puede liberar, el pensamiento mismo es una onda de energía que actúa sobre el mundo físico.

Hemos oído hablar de algunos fenómenos, telepatía, telequinesis, desdoblamiento, proyección de la conciencia, etc.

Al tener únicamente una vía de creación, el interior de sí mismo. ¿Cuál sería el límite para crear? No existiría, tampoco existirían el tiempo y el espacio, Todo, absolutamente todo lo que la mente crea hacia su interior estaría sujeta, al tiempo espacio creado por el cerebro.

Ahora, si se requiere "*crear*" algo, lo que sea, dentro del cerebro, simple, se imagina, se le da vida, se deja libre y aparece en el plano mental, pero… ¿Si se da la suficiente fuerza no podría también crearlo en el plano físico?.

De hecho, eso hacemos en mayor o menor escala, ahora bien, un mago requiere realizar un determinado ritual o evento mágico, necesitaría de todo el conjunto de elementos, ¡No! Solo su pensamiento será suficiente.

Para llegar a ese punto es importante:

- Se debe reconocer que somos más que un cuerpo físico.
- Que posemos una energía extracorpórea.

Energía

¿En diferentes momentos ha percibido que algo, un halo extraño, le acompaña? ¿En ocasiones ha tenido premoniciones, pensamientos de eventos futuros, que luego se convierten en realidad?

El ser, posee una extraña energía, la misma del ejemplo anterior, la cual puede ser irradiada fuera del cuerpo, al igual que imaginamos, de la misma manera irradiamos los pensamientos, el desdoblamiento o proyección de la conciencia es un evento, algunas veces involuntario, otras controlado, por medio del cual, el pensamiento se libera de la mente.

En la antigüedad los magos, mediante el desdoblamiento indagaban los oráculos en busca de respuestas, la capacidad de "*abandonar*" el cuerpo y trasladarse mentalmente se logra mediante la práctica.

Se debe tener en cuenta que, al desdoblarse, el nivel de conciencia cambia, la percepción es diferente tanto de los espacios como el tiempo, así que se puede presentar varios fenómenos en el mismo evento.

Para intentar:

Si el deseo es aprender la técnica por la cual se logra liberar la conciencia, este fenómeno se produce cuando la mente consciente se encuentra en estado de relajación sin entrar al sueño fisiológico, se produce en los momentos de distracción de la conciencia, somnolencia, trance (*estado de la mente que se encuentra entre el sueño y la vigilia*), (*Véase el Libro* ***Significado e interpretación de Sueños***).

En ese estado específico mediante una sugestión o pre-acondicionamiento se logra la proyección.

Paso por paso:

- Aprenda el entrenamiento autógeno o técnica de auto hipnosis.
- Aprenda a relajarse, pero sin dormirse.
- Visualice constantemente una experiencia extracorpórea.
- Imagine al estar descansando sus actividades diarias, observándose fuera de sí mismo.
- Aprenda el control de su cuerpo.
- Aprenda a visualizar en su campo mental con los ojos cerrados, hasta que las imágenes sean exactas con la realidad.
- Trate de imaginar a otras personas, como están, como duermen, como actúan, proyecte su influencia mental en logra algún contacto.

• Intente recordar diferentes aromas, sándalo, flores, pan, rosas, etc.
• Aprenda a entrar en estado de trance de manera voluntaria.
• Y aprenda mil cosas más.

Ahora la pregunta de todos los aprendices de magos y meigas ¿Cómo se hace?.

Antes de explicar una antigua técnica para magos, es importante aclarar, que todo depende de su deseo interior, en practicar y practicar y practicar, por eso es importante leer muy bien y aplicar cada aparte de esta antigua técnica, quizá la única que permite la capacidad de controlar el pensamiento. Se deben aprender muchas cosas, pero todas estarán simultáneamente en este aparte, trate de comprender, primero cada suceso y luego ejecute la experiencia.

La siguiente es la técnica celosamente guardada durante muchos años, aplíquela a su vida.

Técnica de control solo para aprendicez

Paso uno

Control sobre su cuerpo

Inicie la siguiente experiencia, con mucha atención, se recomienda no cerrar los ojos mientras aprende la técnica.

• Una los dedos de sus manos, yemas con yemas, dejando un espacio entre las palmas, formando una especie de pirámide.
• Ahora… concentre toda su atención en percibir o sentir el palpitar del corazón en sus dedos. Lentamente lleve la atención en cada dedo, esto toma algo de tiempo.
• Cuando lo perciba la primera vez, recuerde la sensación, luego lo logrará con facilidad.
• Concentre su atención en su palpitar.
Ahora separe las manos, sin cerrar los ojos, lentamente intente sentir el palpitar en cada dedo, no importa en cual empiece, la idea es que lo perciba en todos de manera voluntaria.

Con su mente recorra cada dedo, de cada mano, de manera controlada, sienta en uno y no en otro, así sucesivamente hasta que pueda voluntariamente realizar la percepción.

Muy bien…

Ahora profundicemos más, vaya paso a paso, concentre su atención en los brazos y manos sintiendo en todo el conjunto al mismo tiempo su ritmo cardiaco.

Ahora… nuevamente desplace su mente a cada dedo, luego perciba en cualquier lugar de sus brazos.

Tómese su tiempo no hay afán…

Paso dos

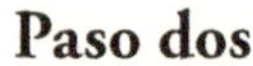

Viene la segunda parte, algo más complicada y de mayor concentración.

• Al percibir su ritmo en los brazos y las manos, profundice un poco más, trate de percibir su ritmo en los pies, es algo que requiere más concentración y atención, (no cierre los ojos).
• Lleve su mente por todo su cuerpo, perciba en los pies, piernas, glúteos, espalda, cuello, frente y sienes, primero de forma general y luego de manera localizada.
¿Cómo va?

En ocasiones se presentan intermitencias, la sensación puede desvanecerse, o es difícil sentir con mayor fuerza el palpitar en algunas zonas, para lograrlo relajase un poco más, lentamente lo percibirá, enseñe a su mente a recorrer su cuerpo.

Muy bien...

Ahora con base en esta experiencia vamos a profundizar un poco más...

Paso tres

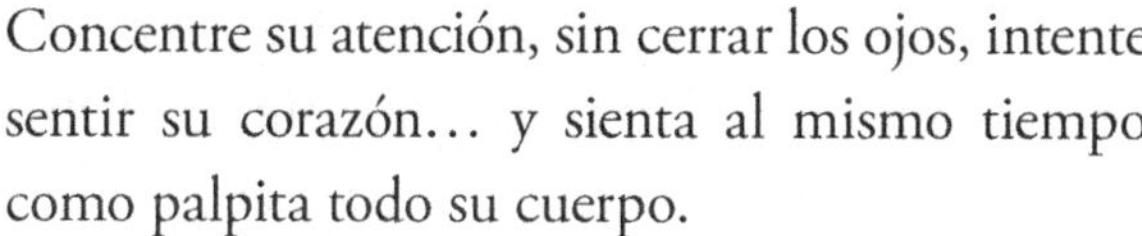

Concentre su atención, sin cerrar los ojos, intente sentir su corazón... y sienta al mismo tiempo como palpita todo su cuerpo.

Puede llegar el punto, en que se mueve con su ritmo cardiaco.

Con calma trate de hacerlo, no es cuestión de una hora o un día, esto a veces lleva tiempo, y puede que necesite de unas semanas hasta lograrlo.

Con la práctica, intente concentrar su mente en sus órganos internos, al inicio es complejo, pero con concentración percibirá su interior, viaje mentalmente dentro de usted, sienta cada parte, trate de mirar hasta donde lo percibe.

Recuerde, usted no es solo piel, puede sentir hasta la frecuencia de su ser, que transita a través de la médula, si aprende a percibir llegará hasta el punto de que puede ayudar a sus órganos a sanarse de alguna enfermedad.

Intentemos algo... para comprobar que ha logrado.

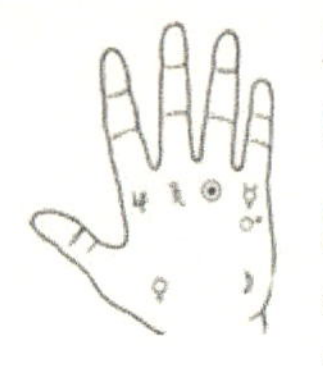

Mire la palma de su mano derecha. Sobre la montaña de Venus, la parte carnosa bajo el dedo pulgar concentre su atención y mire como la vena palpita, intente una pequeña presión mental, cuando la vea palpitar, habrá logrado un gran avance.

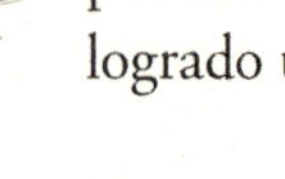

Paso cuatro

Ahora viene la parte más compleja de esta experiencia, la cual le llevará algún tiempo de entrenamiento para lograrlo, se trata de aprender dos cosas de manera simultánea.

• **La primera:** aumentar la temperatura corporal, aumentando el ritmo cardiaco mediante un deseo voluntario, para lograrlo debe sentir su corazón y su palpitar en todo el cuerpo, lentamente vaya

aumentado su ritmo, sienta en su piel como aumenta también la temperatura.

Se requiere de algo de concentración, fuera de ser una técnica para los magos, también es una técnica para lograr un cuerpo sano, si lo realiza con frecuencia, al hacerlo activa todo su sistema químico y orgánico, como respuesta se sentirá mucho mejor.

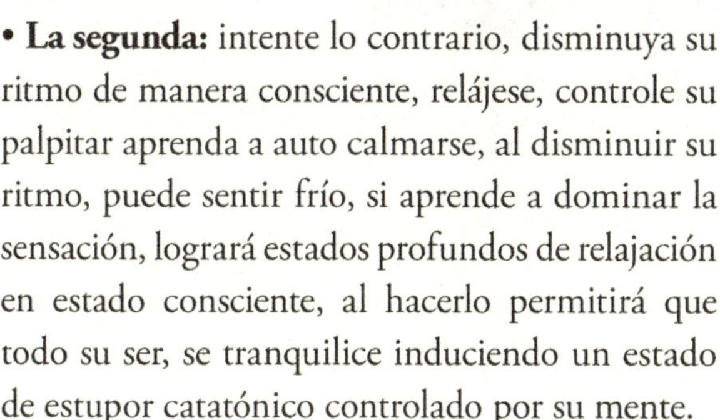

Algunos magos logran controlar todo su organismo mediante esta técnica.

• **La segunda:** intente lo contrario, disminuya su ritmo de manera consciente, relájese, controle su palpitar aprenda a auto calmarse, al disminuir su ritmo, puede sentir frío, si aprende a dominar la sensación, logrará estados profundos de relajación en estado consciente, al hacerlo permitirá que todo su ser, se tranquilice induciendo un estado de estupor catatónico controlado por su mente.

Ahora que posee este conocimiento, el autocontrol que logra sobre usted mismo le permite otras alternativas utilizadas por los magos.

Intentándolo con los ojos cerrados, antes de hacerlo lea lo siguiente con atención.

Al intentar la experiencia con los ojos cerrados se presenta una alteración de la conciencia, al estar concentrada y relajada en la percepción de las sensaciones, fácilmente se desconecta de la realidad ingresando al sueño fisiológico.

Estado de trance

Cuando se inicia la experiencia se presentan diferentes vibraciones mentales, en el momento en que se pierde el contacto con el entorno, la mente consiente se desconecta liberando la mente subconsciente y por ende se presenta en ese punto el estado de trance.

En ese instante hay dos acciones, se continúa en trance mientras se percibe el ritmo cardiaco, estando consciente, o se ingresa a un sueño fisiológico, la mente subconsciente toma el control se profundiza en el sueño y aparecen los sueños.

O se mantiene el control, se es consciente, pero se adormece más, se presentan los ensueños controlados por la mente consciente, es en este

momento donde los magos logran un mayor grado de control mental.

Ahora, en esta situación se comienza a practicar ejecutando lo siguiente, teniendo en cuenta siempre el control del ritmo cardiaco el cual aumenta o disminuye permitiendo diferentes grados de profundidad de la conciencia.

En este estado y sin entrar al sueño o sin dormirse, trate de verse a sí mismo fuera de su cuerpo ejecutando diferentes acciones, véase tal como es.

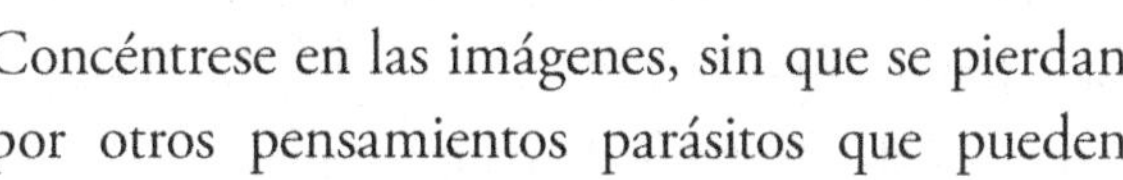

Concéntrese en las imágenes, sin que se pierdan por otros pensamientos parásitos que pueden llegar, recuerdos o tareas pendientes.

Con el tiempo y la práctica logrará que su mente "*acepte*" desplazarse de su cuerpo físico, logrando una proyección de la conciencia, de la misma manera que influirá a distancia, produciendo una transferencia de energía mental.

Personas que desean aprender magia, piensan únicamente en la ejecución de rituales, el que desea ser mago o meiga, es quien domina el universo mental, si solo se quiere ejecutar un ritual, olvide esta práctica, si, al contrario, desea lograr grandes avances y dominar su vida, practique todos los

días, por eso un mago, vive herméticamente en su mundo interior.

Visualización mágica
Veo que le interesa aprender magia y no solo ejecutar los diferentes rituales

Continuemos con la práctica, la cual le producirá grandes beneficios en el control de su vida, y le permitirá atraer o alejar cuanto desee.

Al igual que en la experiencia anterior, nos vamos a concentrar en una alteración de la conciencia, para lograr algo increíble que usted ha poseído toda su vida, pero que lo ha ignorado.

Intentemos lo siguiente:

• Va a concentrar su atención en sentir el ritmo cardiaco en sus ojos, si así es, en sus ojos, mire un punto fijo, y concéntrese en la retina, llegará a percibir el palpitar.

Ahora que lo intenta, lea con atención:

Va a cerrar los ojos tratando de sentir su ritmo cardiaco, al hacerlo, va a pasar la mano frente a sus ojos cerrados, para que se mantenga la visión, puede percibir la diferencia entre claridad y

oscuridad, al pasar su mano frente a sus ojos verá oscuridad, al retirarla verá claridad.

Al hacerlo; contemple la claridad que aparece en la pantalla de sus parpados, de manera constante y profunda, tratando de sentir su ritmo cardiaco.

Al fondo aparecerá una pantalla blanca, y allí vamos a intentar otra experiencia.

Contemplando la pantalla blanca concéntrese en que ese plano visual se transforme en otro color, azul, verde, amarillo, hasta lograr el color violeta.

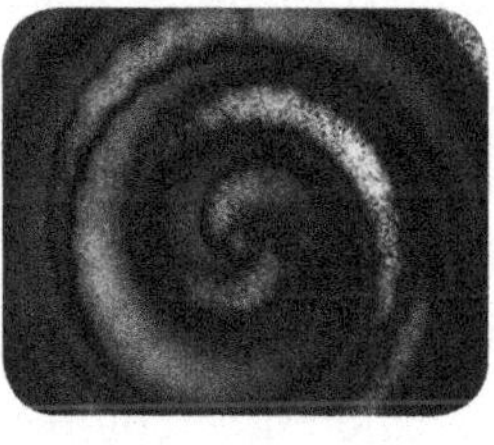

Al lograrlo, algo que puede tomar algunos días de práctica, concéntrese en la profundidad del color.

Al hacerlo, preste atención con lo siguiente, se presentarán de repente una serie de aros o anillos, algunos salen de usted y se pierden en el color, otros vienen del color hacia usted.

Es importante que mediante la voluntad y la concentración aprenda a manejarlos, cuando vienen, usted irradia energía, cuando salen de usted, estará recibiendo energía.

En otras palabras, cuando salen: usted recibe, cuando vienen: usted emite. Son como los anillos de un túnel, si usted va hacia delante los anillos pasan hacia usted, y si usted se retira los anillos se alejan.

¿Lo comprendió?

Recuerde que hablamos de energía, su mente irradia cuando su entorno se contrae hacia usted o lo anillos vienen.

Y recibe energía cuando los anillos se alejan de usted, o usted ingresa dentro de sí mismo.

Aprenda a codificar sus sensaciones con los diferentes colores, es algo personal, no existe un código para todo el mundo, cada mago posee diferentes afinidades con los diferentes colores, la práctica constante le mostrara las diferentes compatibilidades, así como la manera de crear diferentes influencias.

Cuando se realizan rituales de alta magia, el mago o meiga proyectan a través de esta técnica los pensamientos del deseo que quieren realizar.

¡Aclaración!

Un mago o una meiga evitan alterar los destinos de los demás, recuerde que según su intención las energías en algún momento retornan, es prudente que siempre piense en usted mismo, de lo contrario las energías que irradie retornarán con más fuerza.

Con lo anterior, está en posesión de un gran conocimiento, si comprende bien el sentido de este tratado logrará sin duda avanzar en el sendero de la magia.

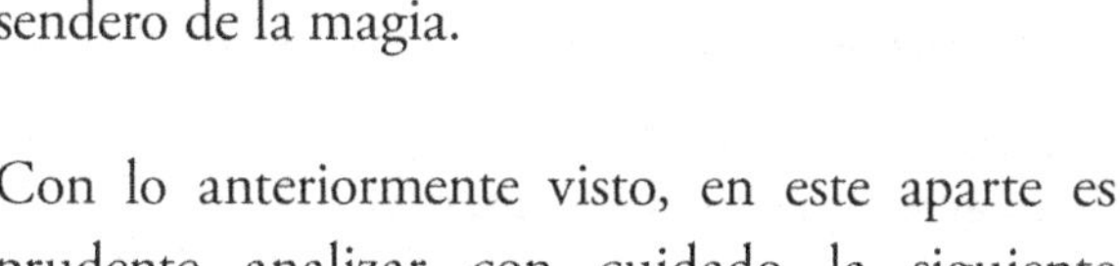

Con lo anteriormente visto, en este aparte es prudente analizar con cuidado la siguiente información.

La mente

La mente es un receptor ilimitado de información, por tal motivo es fácil de impresionar, el aprendiz debe conocer cómo actúa el pensamiento, y como logra dominarlo, de esta manera "*abre*" un camino de dominio en quien desea efectuar una operación mágica.

Al hacerlo, logra mediante el pensamiento generar un contacto mental, acompañado de apariciones,

voces, eventos sobrenaturales, ilusiones que se crean en la mente de quien es influido.

La influencia desempeña un papel importante en las operaciones mágicas, un buen mago "*siembra*" constantemente semillas en la mente de quienes le rodean, y al igual "*siembra*" en su pensamiento semillas de lo que desea alcanzar.

Teniendo en cuenta las diferentes variaciones de los ciclos de la vida, la influencia lunar, la posición de la tierra en torno al sol, la hora del día, el día de la semana.

Transferencia de energía mental

La magia, desde sus albores siempre ha estado acompañada de una serie de leyendas, influencias a distancia presencias, apariciones y desapariciones, de hecho, en muchas ocasiones ante la presencia de un mago o una meiga, se producen diferentes alteraciones, tanto físicas como mentales, de igual manera existe en todas las culturas la influencia a distancia del mago, tanto para el bien como para el mal, no es difícil encontrar historias y testimonios del poder ejercido a distancia por quienes practican las artes mágicas.

¿Pero, qué es la energía que se transmite?

Entremos a tema, como vimos anteriormente la energía mental carece de espacio tiempo, el pensamiento se irradia canalizado por un objeto o por la imagen de una persona.

En la vida cotidiana suele pasar con alguna frecuencia, el pensamiento capta la vibración de personas cercanas, se piensa en alguien y al instante o minutos después timbra el teléfono, en muchas ocasiones escuchamos el término la "*telepatía existe*".

De igual manera; se presentan eventos en los cuales se capta determinados influjos, la proximidad de la muerte, la visita inesperada, los presentimientos, etc., En cuanto con la magia se presentan algunos elementos o señales que denotan las presencias de otras entidades o mentes cuando están influyendo.

Algunas señales:

- Puertas que se trancan sin causa aparente.
- Alimentos que se dañan de manera inmediata.
- Leche que se corta.
- Lácteos que se alteran.
- Velas o llamas que cambian de color.

• Aparición de determinados insectos, como alimañas.

• Despertarse en la noche, en horas exactas, o repetitivas.

• Aparición de manchas en la piel.

• Enfermedades de difícil diagnóstico.

• Sensaciones de voces en la mente.

• Aromas y olores que no tienen causa aparente sino se perciben por oleadas.

Estas son algunas de las señales, cada mago lentamente descubrirá otras.

¿Ahora como se hace?

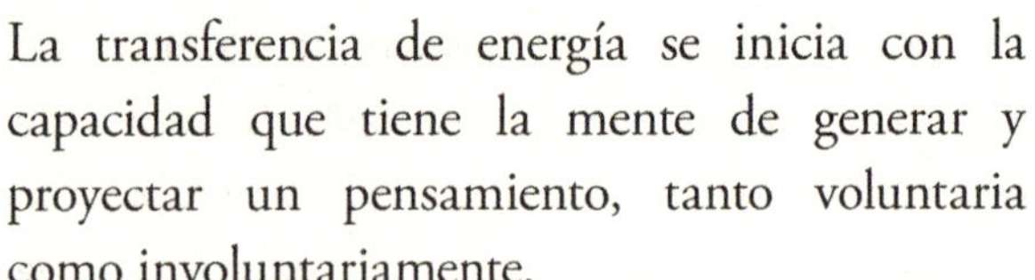

La transferencia de energía se inicia con la capacidad que tiene la mente de generar y proyectar un pensamiento, tanto voluntaria como involuntariamente.

Como vimos anteriormente a través de los colores con los ojos cerrados, se produce una proyección de la conciencia, la cual se sintoniza con la mente o lugar que se quiere influenciar, para ello el mago utiliza un elemento canalizador de esa energía.

La mente vibra en diferentes escalas, el cerebro posee una serie de frecuencias las cuales son fáciles de alterar, un mago conoce como actuar y en qué momento en las diferentes frecuencias.

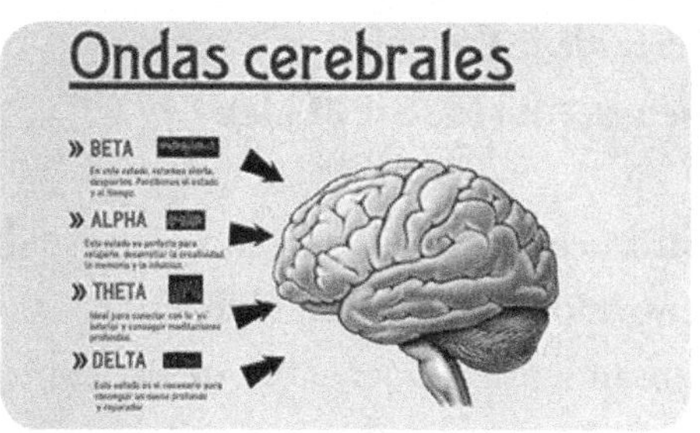

Para influir:

Frecuencia Delta (de 0 a 2 Hz):

Esta frecuencia se relaciona con los estados de sueño profundo carentes de símbolos oníricos o sueños representativos, etapa durante la cual la mente es impresionable o se presta para lograr un contacto mental, esta fase permite la capacidad premonitoria, al estar libre de sueños acepta cualquier sugestión impuesta con anterioridad, el mago sabe cómo abrir la puerta mental durante esta frecuencia.

Frecuencia Theta (de 2 a 7 Hz):

Esta frecuencia está asociada con el estado de trance, la somnolencia, la imaginación, fantasía, los sueños, se presenta antes del sueño normal y también antes del despertar, es la fase ideal para lograr determinados fenómenos, al igual es ideal para crear influjos a distancia.

Para crear la influencia:
Frecuencia Alfa (de 8 a 12 Hz):

Esta frecuencia se asocia, con los estados de concentración, relajación, bienestar, ausencia de pensamientos, liberación de la conciencia, produce un estado de tranquilidad utilizado por el mago o meiga antes de emprender una operación mágica.

Frecuencia Beta (de 12 a 30 Hz):

Se asocia con la creación, el estado de alerta, que puede ser bajo, medio y alto, depende de las necesidades el cerebro produce esta frecuencia, el mago o la meiga, la utilizan cuando requieren mayor o menor concentración para generar o estudiar, o crear una influencia.

Al estar en una determinada frecuencia, se inicia un proceso mental, un "*contacto*" con la mente que se desea alterar.

¿Sabe que es un Xendra? ¿Puede imaginarlo?, Ni idea, bueno así funciona la magia, no actúa sobre algo o alguien que no se conoce, o que no se pueda imaginar. Para lograr un influjo es importante saber imaginar.

¿Qué es imaginar?

Anteriormente vimos la visualización de colores que difiere de la imaginación. Imaginar es ver en el plano mental una serie de eventos similares con la realidad.

Para transferir una determinada energía es importante saber crear en la mente el deseo.

Es aquí donde existe la magia y algo importante, la energía mental.

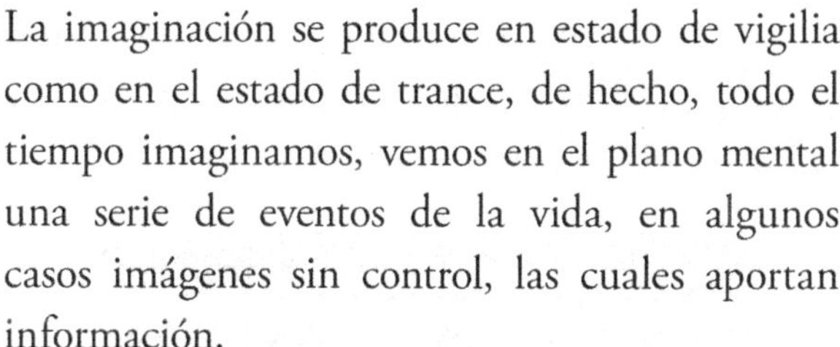

La imaginación se produce en estado de vigilia como en el estado de trance, de hecho, todo el tiempo imaginamos, vemos en el plano mental una serie de eventos de la vida, en algunos casos imágenes sin control, las cuales aportan información.

El cerebro y la mente no poseen la capacidad de diferenciar entre la realidad y la fantasía, las imágenes que aparecen en la mente son aceptadas como realidades así no existan, la imaginación es ver con el pensamiento.

La imaginación se divide en varias clases, la más importante es la imaginación visual, veamos:

Imaginación visual

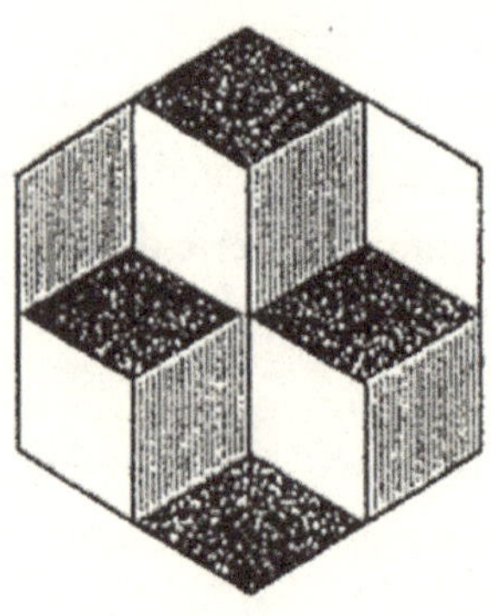

Entrenamiento de la mente en la visualización, esta imagen facilita el poder "*ver*" dos sucesos, controlar el pensamiento, observe; o bien dos cubos hacia arriba, o bien dos cubos hacia abajo. Otro más, ¿Puede contar los puntos negros?, no existe ninguno, pero su cerebro cree que sí.

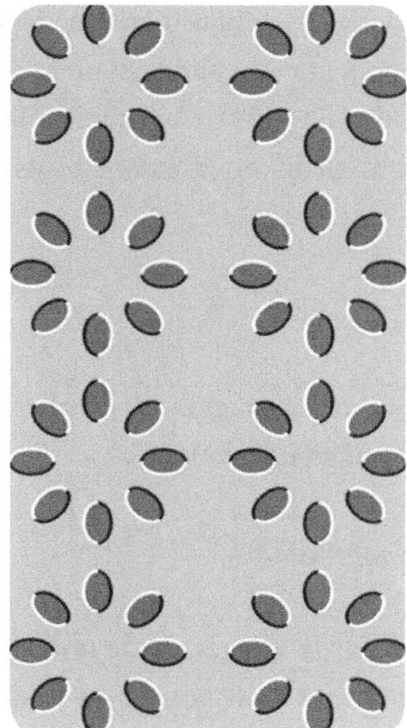

Imaginación táctil

La imaginación táctil, es cuando sentimos algo que no existe, como por ejemplo sentir que algún insecto recorre la piel, o la sensación de una caricia.

Imaginación olfativa

Se logra alterar la mente mediante la imaginación, al percibir un aroma que no es real, o una fragancia que no existe.

La imaginación es aceptar o creer en algo que no existe, suponer que la realidad es otra, el aprendiz debe aprender a estimular su propia imaginación y por ende a "*crear*" en la mente de los demás la semilla de algo.

Esto se logra mediante la sugestión.

Todas las personas imaginan si la información es bien canalizada, la sugestión.

¿Qué es la sugestión?

La sugestión es la aceptación de una idea sin un análisis previo, la cual llega a ser destructiva o constructiva, dependiendo de la intención.

Experiencia
Intente lo siguiente:

• Cierre los ojos y trate de recordar el aroma del pan recién horneado.
• Ahora concéntrese, piense en que tiene sed… mucha sed… recuerde un día caluroso de verano, piense e imagine una fresca… y jugosa rodaja de piña… sienta el aroma… sienta la sed…

Bien, así funciona la sugestión, es crear en la mente un deseo, una imagen, un concepto sin que sea analizado.

La sugestión y la auto sugestión, posee varias reglas que se deben tener en cuenta.

• Toda sugestión debe ser sensorio, imaginativa descriptiva.

Lo anterior quiere decir, que la información que se dé debe ir acompañada de una descripción, que haga sentir, y que permita ser imaginada.

Por ejemplo:

Dicen los libros de la antigua magia, que los aprendices que no pueden tocar su pecho con el mentón no sirven como alumnos...
Eso es sugestión usted intento hacerlo sin analizar el porqué, cada sugestión logra desencadenar una serie de eventos mentales y físicos por eso debe ser tratada con cuidado.

• La sugestión puede ser **verbal** e **intra verbal**.

Lo anterior significa que el mago o aprendiz disfraza la sugestión, colocando determinadas palabras, y comentarios en una frase, **por ejemplo:**

Verbal cuando es directa, ¿Siente que hace frío? Es como contemplar los nevados en las noches de invierno, el frío… brr… hace frío en las montañas, sería agradable sentir el calor de un cuerpo… ardiente…

Analice el contenido de la intención.

Intra verbal, cuando no es directa, pero posee una intención, **ejemplo:**

…Tengo un problema, me hacen falta mil pesos para lograr comprar el vestido que tanto me gusta…

La insinuación genera de manera indirecta el deseo que le presten o le donen los mil pesos, sin decirlo directamente.

Cuando una persona se manda leer el naipe, el cartomante utiliza la sugestión verbal directa e indirecta, por ejemplo ante las cartas siete de espadas, puede hacer una cara de preocupación, puede hacer un gesto, y decir usted está siendo embrujado, por eso siente… tales situaciones, la sugestión ha sido creada, ahora depende de la honestidad del cartomante, la carta siete de espadas simbolizan la sabiduría y la ilusión del elemento aire, pero… usted pensó que esa

carta equivale en su significado a una brujería. Sugestión.

La sugestión y la auto sugestión forma un gran poder, si el mago la sabe utilizar para su beneficio, al igual puede ser destructiva o constructiva, la mente es fácil de sugestionar y de alterar, de hecho, muchas enfermedades son producto de la auto sugestión.

Al unir la sugestión con la imaginación, se obtiene un poder sin límites, contemple el centro de este disco y trate de relajarse.

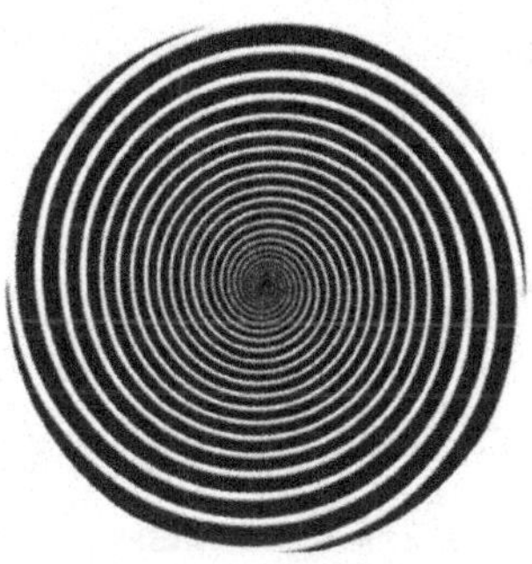

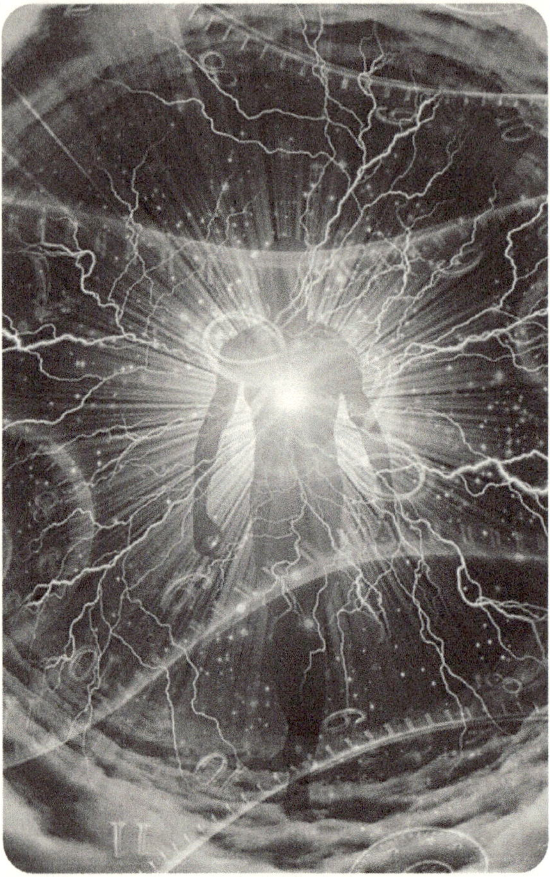

MAGIA

Entrar al concepto de la magia y mirar sus diferentes raíces nos lleva a dos temas:

Uno, que todo aprendiz deberá comprender, hay una gran diferencia entre magia e ilusionismo, la una es un arte a través del cual se crean determinados eventos de alteración.

El ilusionismo es la habilidad de una persona para hacer manipulación de objetos.

La antigua magia, es al mismo tiempo una filosofía de vida, la cual conoce los diferentes ciclos del tiempo y el espacio para realizar una serie actos con un propósito específico.

La magia actúa de acuerdo con la naturaleza, al sincronizar las diferentes energías que forman el Todo.

Dos, el aprendiz deberá conocer que la naturaleza no es solo lo que se observa, existe una serie de energías que actúan paralelamente con el hombre, sus vibraciones son más sutiles, pero infinitamente poderosas para quien logra la unificación, estas energías básicamente son cuatro: representadas en los elementos Fuego, Tierra, Aire y Agua.

La fuerza del pensamiento no tiene límites, la capacidad de crear una alteración tanto mental como física sobre algo, o alguien es un proceso que cada mago debe ir aprendiendo lentamente y ejecutando pequeñas prácticas, uno de los mayores obstáculos para descubrir la magia, consiste en el afán que se tiene, la ansiedad de querer realizar algo de manera inmediata, todo requiere de un proceso, un aprendizaje un entrenamiento.

En la mente existe un caudal de energías, las cuales no se liberan fácilmente, todo el mundo las posee, pero muy pocos logran abrir la puerta de su interior y liberar su verdadera fuerza.

Principios básicos

- Confíe plenamente en usted.
- Acepte firmemente que posee el don de la magia.
- Cambie su vida, y exíjase en sus tareas cotidianas.
- Estudie y entrene todos los días.
- No se aventure en prácticas desconocidas por capricho o por probar.
- Siempre trate de ser lo mejor.
- Evite que el mundo lo someta.
- Evite someter

• Analice, reflexione y piense antes de actuar.

Comencemos:

- ¿Su cuarto está arreglado?
- ¿Su hogar está ordenado?
- ¿Su vida está en armonía?
- ¿Tiene deudas pendientes?
- ¿Tiene tareas sin terminar?
- ¿Su corazón y sentimientos están en paz?

Se piensa, ¿Qué tiene esto que ver con magia? Bueno, cada mago debe empezar por tener una disciplina consigo mismo.

CICLO SOLAR MÁGICO

La danza de las brujas y magos

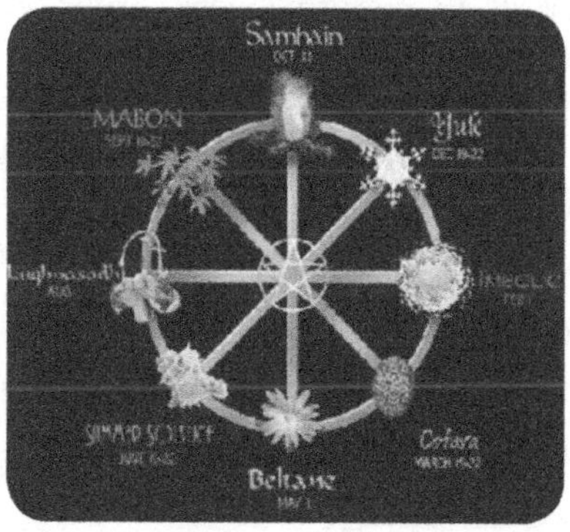

Son las fechas de la vida la muerte, las mutaciones, todo se inicia en el comienzo del invierno,

normalmente, se divide en los veinticuatro signos del zodiaco.

La naturaleza se presenta en los estados de mengua y crecimiento, el mago al conocer las diferentes variaciones de los ciclos actúa con la ley del efecto invertido, aprovechando los ciclos, estas etapas son conocidas como los Sabbat, los cuales son los puntos mágicos del ciclo solar.

Todo el proceso del ritmo de la vida, el avance y el retroceso ocurre en fechas especiales en momentos únicos de gran fuerza cósmica.

Un momento para sembrar, germinar, cultivar, abonar y reiniciar el ciclo de la vida, ciclo que ocurre en todo cuanto existe, amor, negocios, vida, estudio, etc.

El ciclo total se inicia con el comienzo del invierno, el hemisferio norte (*Véase el libro* ***Ofiuco Cosmos y Destino, signos e intersignos del Zodiaco***)

Samhain: 31 de octubre, fiesta de las sombras (Strega). Martinmas (Celta/escocesa), Es el Año Nuevo de los campesinos, la noche de la vida y la muerte. Es la noche mágica donde el poder aumenta, la fuerza mágica de la vida y la muerte se encuentran en el momento de mayor equilibrio.

Los magos realizan en esta fecha la mayoría de sus rituales para todo el año cósmico.

Yule: 21 de diciembre Solsticio de invierno. (Teutónica), Alban Arthan (Caledonia). En la noche más larga del año, el nacimiento de la luz fecha mágica donde la noche es más larga que el día, el inicio del comienzo la época del poder mágico y retorno del Dios, sol, se ejecutan diferentes rituales y diferentes operaciones mágicas.

Imbolc: 2 de febrero Imbollgc Brigantia (Caledonia), Lupercus (Strega), Fecha: 2 de febrero. En este día celebramos el final del invierno y el inicio de la primavera. La época hace de la magia el nacimiento de la vida.

Ostara: 21 de marzo, Equinoccio de primavera, Alban Eiler (Caledonia) En este momento, el año se encuentra en perfecto equilibrio. La vida resplandece y la abundancia llega, época especial para la magia, donde los magos crean y aprovechan la fuerza natural en la continuidad de la vida.

Beltane: 30 de abril, la iniciación, Bealtinne (Caledonia), Festival de Tana (Strega), Walpurgis (Teutónica) llega el poder del Fuego, se inicia

el verano, la magia se realiza en el humo de las hogueras, las uniones dan la vida, el inicio se presenta con la Diosa y el Dios que entrelaza su pacto sagrado, es la temporada de mayor conocimiento se relaciona con la iniciación del poder y la entrega al poder de los elementos.

Litha: solsticio de Verano: 21 de junio, Alban Hefin (Caledonia) Es el día más largo del año, en que el Dios está en su máximo esplendor. La época misteriosa de poder de la naturaleza donde el mundo feérico se abre, duendes y hadas, hacen su aparición, demonios y espíritus, que rondan se hacen presentes al llamado, una fecha de cuidado, pero de gran poder.

Lughnasadh: 1 de agosto (o Lammas): Cornucopia (Strega), Thingtide (Teutónica) se va el verano, los vientos anuncian la llegada del otoño, el día duerme y la noche toma su poder, la magia abre las puertas a la oscuridad, y se levanta el velo los poderes ahora se fortalecen, época ideal para la siembra de las nuevas cosas que nacerán con la próxima primavera, los magos se recogen para fabricar sus hechizos y encantamientos.

Mabon: equinoccio de Otoño: 21 de septiembre Mabon (Céltica), (Teutónica), Alban Elfed (Caledonia). El otoño está en su punto más alto,

el día y la noche ahora son iguales y el sol duerme mientras la Diosa envejece, es el momento de la magia interior, el poder se fortalece, los magos encuentran el libro de las sombras extrayendo los conjuros y hechizos que les darán su fuerza.

CICLOS LUNARES

Tanto las brujas como los magos reconocen el poder de la luna, realizando los rituales conocidos como los Esbat.

Se debe conocer cómo actúa la luna en cada fase, así como la influencia que transmite a cada persona.

El mago aprende de la vida, y de los ciclos de esta, se recomienda la lectura de los libros: Rituales Secretos de Magia y La Magia de Selene.

Cada fase de la luna posee una serie de energías poderosas que influyen fortaleciendo cada ritual, se realizan de acuerdo con la fase, y con la estación, cada estación posee tres lunas llenas.

Los magos las diferencian de la siguiente manera:

Solsticio de luna llena

Durante esta fase se realizan rituales con el elemento Aire, todo lo que se requiere para actuar sobre el amor, las ilusiones, los pensamientos, alterar la mente, influir sobre los demás, las apariciones, las invocaciones, atraer las presencias del mundo feérico, duendes hadas, así como generar una influencia telepática.

Solsticio de luna nueva

Es la fase donde se utiliza el elemento Fuego, para fortalecer, debilitar, transformar, cambiar, alterar, transmutar, influir o generar algo nuevo, normalmente, durante esta fase el mago magnetiza y conjura los elementos necesarios en las operaciones mágicas.

Equinoccio de menguante

Esta fase corresponde con el elemento Tierra, donde se generan los rituales mágicos de la abundancia, todo lo que tiene que ver con la tierra, en todas sus representaciones, al igual es la fase donde se realizan los rituales de influencia negativa.

Equinoccio de creciente

Esta fase representa el elemento Agua, el mago genera lo creador, el momento para los rituales de nuevas alternativas, aquello que se renueva y se cambia, lo que se alimenta o se gesta para crecer más.

Luego de comprender estos ciclos y su influencia se entra al mundo de la magia.

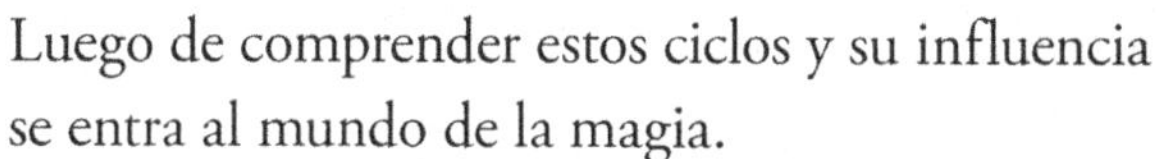

La magia es única, pero dependiendo de la intención del mago toma diferentes aspectos.

Puede ser constructiva o destructiva, está en comunicación con universos paralelos donde determinadas energías actúan con la voluntad del mago.

El templo de la magia

Para la antigua cultura, el templo de la sabiduría eran los bosques, la estepa, los lagos, las aves, la catedral de los magos es la naturaleza, un lugar tranquilo es donde la bruja o el mago en las noches de las diferentes fases de luna ejecuta sus rituales, y al mismo tiempo aprende el arte de la armonía.

La naturaleza es el mejor maestro, solo hay que contemplarla y aprender, la magia está escondida en cada elemento en cada representación, en la lucha por la supervivencia.

Del conocimiento ancestral de ese universo mágico nace la magia, ahora quien desee entrar y conocer la primera letra de un interminable alfabeto solo tiene que caminar.

BRUJERÍA

¿Qué es la brujería?

El conocimiento misterioso de una serie de poderes, que actúan a distancia sobre otras, bien para hacer un beneficio o bien para producir una alteración negativa o maleficio.

Los cuales se conocen de diferentes maneras o con diferentes nombres, brujas, hechiceros, nigromantes, magos, meigas, etc.

La brujería es muy antigua, en las primeras narraciones bíblicas se supone que "*dios*" ya la condenaba so pena de muerte.

Éxodo 22:18 (Reina-Valera 1995)
18» A la hechicera no la dejarás con vida. [a]

Levítico 20:27
27» El hombre o la mujer que consulten espíritus de muertos o se entreguen a la adivinación, han de morir; serán apedreados, y su sangre caerá sobre ellos».

Deuteronomio 18:11-12 (Reina-Valera 1995)
11» ni encantador, ni adivino, ni mago, ni quien consulte a los muertos.

12» porque es abominable para Jehová cualquiera que hace estas cosas, y por estas cosas abominables Jehová, tu Dios, expulsa a estas naciones de tu presencia.

Un tema polémico que deja muchas inquietudes, y algunas extrañas preguntas:

- ¿Por qué dios, en la biblia manda a matar a los magos, adivinos, y demás?
- ¿Sería que tenía miedo de que descubrieran algo que no era cierto? O no era dios.

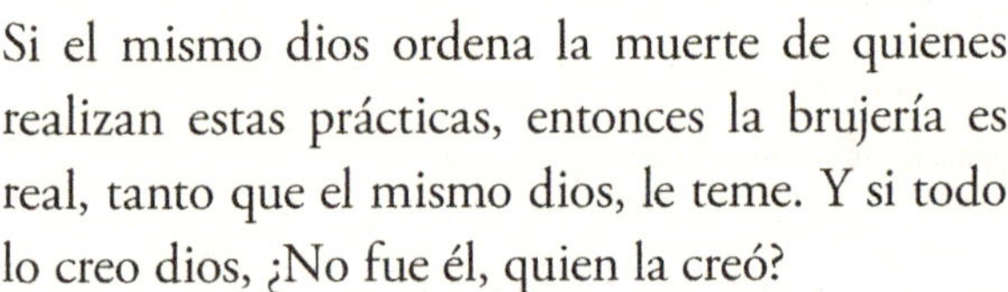

Si el mismo dios ordena la muerte de quienes realizan estas prácticas, entonces la brujería es real, tanto que el mismo dios, le teme. Y si todo lo creo dios, ¿No fue él, quien la creó?

Pero difícilmente sabremos cuándo fue el inicio real de estas prácticas, como vimos anteriormente el bien o mal es un concepto.

Así que dios debería tener razones muy fuertes para condenarla, de hecho, lo hizo con la inquisición, hoy afortunadamente estos conocimientos retornan.

La brujería es un poder, un conocimiento, el arte de influir sobre la naturaleza y la humanidad,

la brujería comprende la fuerza que conforma todo cuanto existe, un poder sin forma, sin sentimientos, sin conciencia, quizá a esa fuerza el dios le temía, y los magos la conocían, algunos la denominan Mannon.

Al entrar al gran tratado de magia es importante tener en cuenta los anteriores conceptos, si bien es la base de la magia, es un estudio constante en el cual se debe profundizar, este manual tan solo es la puerta de inicio cada aprendiz deberá con el tiempo practicar y practicar y practicar.

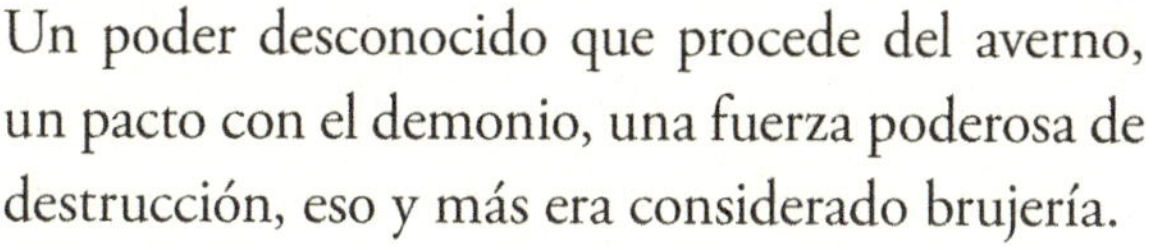

Un poder desconocido que procede del averno, un pacto con el demonio, una fuerza poderosa de destrucción, eso y más era considerado brujería.

Todo el conjunto de las antiguas artes mágicas, fueron consideras brujería, las mancias o artes adivinatorios, la influencia, las sanaciones, las influencias, los males postizos, la adivinación, la necromancia y demás, durante mucho tiempo se consideró un arte maquiavélico y destructivo.

¿Existe el poder de la brujería?

Sin duda existe una serie de alteraciones físicas, mentales, climáticas, las cuales se producen por eventos o artes no naturales, en todas las

culturas se presentan fenómenos de alteración mental y eventos desconocidos que rayan con lo sobrenatural, pero realmente son el uso adecuado y conocimiento de la naturaleza.

Se piensa en el porqué de la brujería, como actúa, como genera una serie de cambios, y como produce alteraciones desconocidas.

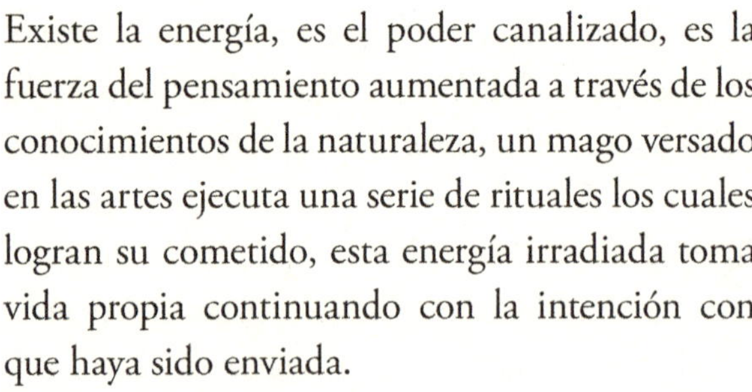

Las influencias extrañas que bien hacen prosperar o bien hacen decaer, no solo en los seres humanos, sino también, en lugares.

Existe la energía, es el poder canalizado, es la fuerza del pensamiento aumentada a través de los conocimientos de la naturaleza, un mago versado en las artes ejecuta una serie de rituales los cuales logran su cometido, esta energía irradiada toma vida propia continuando con la intención con que haya sido enviada.

Influencia mental

Una brujería no recae sobre alguien que el mago no conozca, simple, pero así es, un mago no puede actuar sobre quién no conoce, por eso, existen intermediarios, el mago actúa al "*sintonizarse*" con la energía de quien se quiere encantar o embruja, para eso basta un objeto,

una representación, una fotografía, la firma, una prenda, un elemento usado por quien va a ser influido mágicamente.

Tanto para producir un beneficio o al contrario un maleficio.

Beneficio o encantamiento

El bien o el mal no existen, cada persona actúa bajo ciertos intereses, al igual la brujería es utilizada para causar un beneficio, aunque ese beneficio cause daño a otros, todo dependerá de la intención y el deseo, pero siempre y sin duda, "*La ganancia de uno, es irremediablemente la perdida de otro*"

Maleficio o embrujamiento

Al contrario; el maleficio es la brujería aplicada para causar un daño, un sufrimiento, una alteración, el deseo de venganza, la intención de causar daño, este aparte puede ser complejo, pero… la magia depende de la intención.

Ley del tres veces tres

La esencia de la magia está en que un mago ejecute su magia solo en su favor, pero algunas

personas recurren a ejecutar rituales para otras, en esto se encierra un gran peligro que muchos aprendices ignoran. Toda energía irradiada regresa. O conocida como la ley del "*tres veces tres*"

Todo mago puede actuar sobre los intereses de otra persona, quien utiliza la magia debe comprender que toda energía irradiada retornara a su creador, pero al inicio la recibirán las personas cercanas o lo que se encuentre en la mente del mago.

Para comprender:

Si usted irradia una energía de dolor y sufrimiento, esta energía retornará a usted, pero como usted no piensa en usted, se desviará o se proyecta, a quien usted tenga en su mente, pueden ser personas u objetos, al final cuando todo su entorno se altera, usted pensará en usted y recibirá toda la energía liberada multiplicada por tres.

Se conoce como el efecto espejo o rebote mágico, un hechizo produce un efecto el cual retorna al creador irradiando un doble poder, uno, la fuerza con la que se envió, dos la fuerza del efecto causado, esta energía regresa a la mente de quien la creó, al regresar es nuevamente proyectada a donde va el pensamiento, así infesta a todos los

que le rodean, hasta que al final, las energías sumadas, destruyen o benefician al que las irradió.

¿Ahora bien, se puede evitar?

No, la energía siempre retornará tanto la constructiva como la destructiva, depende del mago como la canalice, por eso el que tiene más, se le da más, y al que no tiene se le quita.

De acuerdo con lo anterior existe en la magia la espalda o buena energía, igual que la mala, cuando una persona se involucra con otra, al entrar el campo mental recibe la energía, en toda relación se avanza y se triunfa por buenas energías o se perece y se decae, es importante tener en cuenta los sucesos y señales que se presentan cuando se establece una nueva relación o se habita un nuevo lugar.

Se debe estar atento, "*Si no se aleja del mal a tiempo, se perecerá en él*".

¿Cómo se hace una brujería?

De este aparte en adelante es prudente que analice cada situación, y sea consciente que este tratado

de magia no busca generar personas que causen daño, sino al contrario que aprendan a evitarlo.

La decisión es solo suya, del uso que les dé a los siguientes rituales de magia.

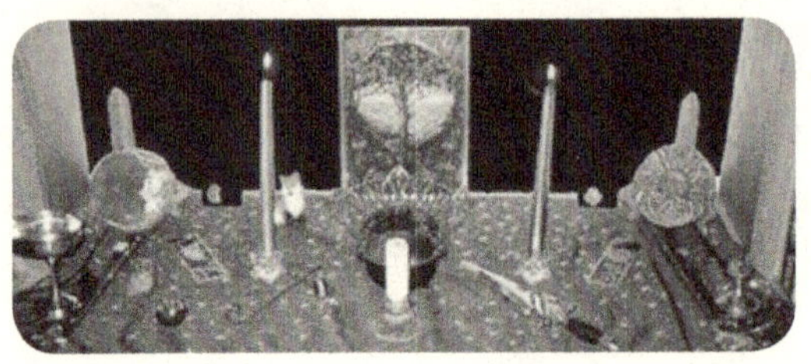

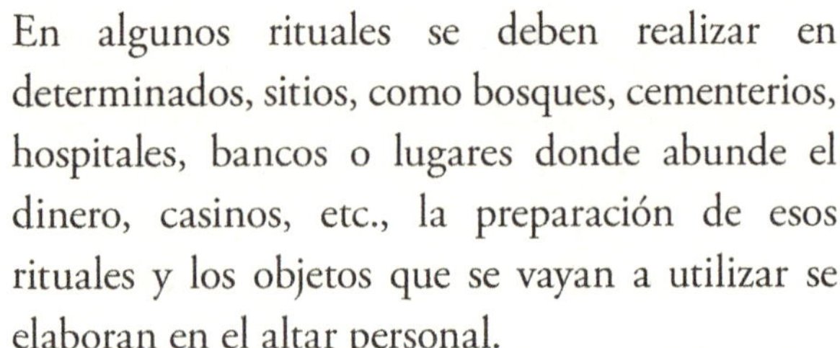

Para realizar una acción mágica, todo mago o meiga deberá construir un altar, en el cual se posea la representación de los cuatro elementos, Fuego, Tierra, Aire y Agua.

En algunos rituales se deben realizar en determinados, sitios, como bosques, cementerios, hospitales, bancos o lugares donde abunde el dinero, casinos, etc., la preparación de esos rituales y los objetos que se vayan a utilizar se elaboran en el altar personal.

Se debe tener o conseguir elementos semejantes a lo que se desea, la siguiente lista se debe tener en cuenta con el deseo, dependiendo del elemento.

Toda magia utiliza los elementos de la naturaleza en sus dos intenciones para causar un bienestar o producir una alteración.

Luego procede a la unificación con los espíritus y los ángeles que presiden cada elemento, los hay ígneos, aéreos, acuáticos y terrestres.

Igual se invocan las atalayas que protegen los cuatro puntos, este, oeste, norte y sur.

De igual manera se invocan los espíritus de la oscuridad, de acuerdo con el deseo.

Ritual y ejecución de un ritual

Un ritual es la ejecución de acto, bajo determinadas normas, en la magia los rituales se realizan dependiendo de la intención para diferentes fines, utilizando elementos representativos, los cuales amplifican o minimizan una determinada energía.

Al igual en determinadas horas y fechas, todos los rituales provocan una influencia sobre un objeto, un lugar o una persona, de la cual se debe tener un elemento canalizador o que sirva como puente entre el mago o la meiga y aquello sobre lo cual se desea crear el ritual.

Fetiches

Básicamente la palabra fetiche viene de "*feitiço*" término portugués que significa "*magia*" o "*hechizo*".

Es la representación física de algo, persona u objeto al cual mediante el animismo se le otorga vida, los fetiches han existido desde la misma creación, más; los magos fueron creando los mismos para alterar el clima, las cosechas y luego las personas, un fetiche con vida es la representación del ser u objeto, el cual se une a través del puente psíquico entre el mago y aquello que representa el fetiche.

El fetiche se realiza con diferentes objetos de acuerdo con lo que se desea representar.

En la magia se utiliza tanto para crear un bienestar como para alterar la vida de la persona.

Se utilizan hojas secas, prendas a las cuales se le da la forma humana, piedras o arcilla para representar objetos, todo elemento de la naturaleza se utiliza como un fetiche, al cual se le da la forma que se desee para representar un determinado ser.

Por ejemplo, la mazorca seca se utiliza como fetiche de abundancia, pero igual se utiliza para crear un daño a la belleza de una mujer.

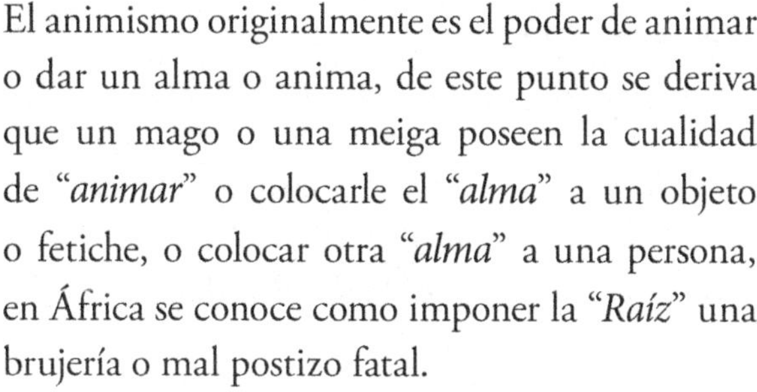

Animismo

El animismo originalmente es el poder de animar o dar un alma o anima, de este punto se deriva que un mago o una meiga poseen la cualidad de "*animar*" o colocarle el "*alma*" a un objeto o fetiche, o colocar otra "*alma*" a una persona, en África se conoce como imponer la "*Raíz*" una brujería o mal postizo fatal.

El arte de animar

Todo mago o meiga que desea animar un objeto debe ejecutar lo siguiente:

Se necesita: Un objeto que pertenezca a la persona o lugar, preferiblemente una prenda, o fotografía, o algo que posea por la ley de la atracción de lo

semejante la vibración de energía de quien va a ser encantado.

Un objeto o fetiche el cual se va a "*animar*" quedando como representación de la persona o lugar al cual se quiere encantar o embrujar. Durante la noche de luna llena o durante un eclipse se realiza lo siguiente:

Se coloca el objeto perteneciente de la persona o lugar, y al lado se coloca el fetiche previamente preparado. Luego esperando la luz de la luna en la semipenumbra se colocan dos velas, una blanca y una negra, la blanca al lado izquierdo y la negra al lado derecho.

Utilizando el bastón del mago, se hacen los movimientos de la tierra al cielo y del cielo a la tierra (*de abajo hacia arriba y de arriba hacia abajo, Véase el libro "**El Poder del Mago**"*)

Luego se dice en voz alta:

Por los antiguos y su simiente
que se una lo alejado
que los dos esteén presentes
El uno en la nada
El otro en el todo
Este encantado queda cerrado
Y dividido y unido lo que está separado.

Al hacerlo el mago o meiga debe imaginar que el fetiche a partir de ese momento representa el objeto o persona con la que se ha unido. Así cuando el mago actúa sobre el fetiche estará actuando sobre la persona o lugar que sido unificado.

Vudú

Se conoce como una de las religiones africanas más antiguas, con un gran contenido mágico basada en el animismo, el vudú puede causar grandes daños llegando a producir la muerte de quien es influenciado por este extraño poder.

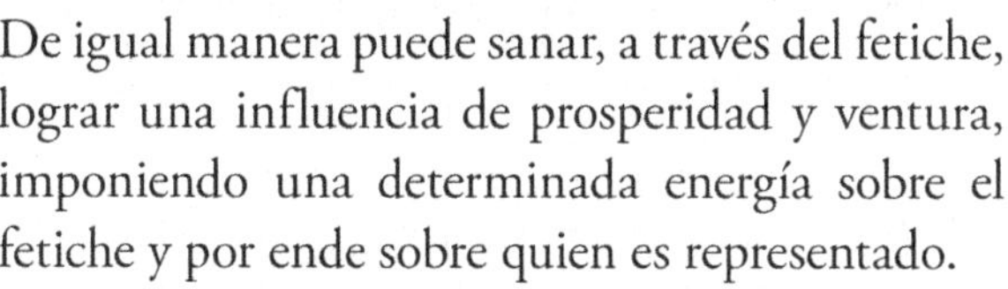

De igual manera puede sanar, a través del fetiche, lograr una influencia de prosperidad y ventura, imponiendo una determinada energía sobre el fetiche y por ende sobre quien es representado.

De acuerdo con la intención el mago ejecuta, la influencia, la cual actúa sobre un fetiche, fotografía, prenda de ropa, cabellos, uñas, etc.

Coloca en el altar el objeto representativo de la persona a influenciar, e inicia el proceso, colocándola entre alimañas, insectos, ratones, y aquello que la persona más le teme, todo eso se hará durante las horas de la noche, todas las noches.

Paralelamente al ritual que ejecuta el mago, se le hace saber por diferentes vías a la persona, se le envían avisos que está siendo embrujada, se le llama, se le envían mensajes, se le desespera.

Esto con el fin de abrir la puerta mental, cuando se ha logrado el contacto, la influencia empieza hacer efecto, la persona siente que algo extraño pasa en su vida, se despierta a la misma hora, siente insectos correr por su piel, aparecen enfermedades desconocidas que le atormentan, siente presencias que le hablan.

El mago logra el contacto, llegando al punto de despertar a la persona y atormentarla hasta causarle la muerte.

De igual manera el mago, puede causar tan solo una alteración en cualquier parte del cuerpo.

• Con una mazorca hacer que se le brote la cara, y se dañe la belleza.
• Con una ortiga, enredarla en una pierna del fetiche, así la persona sentirá un profundo dolor, sin poder sanar.
• Si se clavan, espinas en diferentes partes del cuerpo, en ese lugar la persona embrujada las sentirá.
• Si, el mago usa elementos de la muerte, como clavos, cintas, cadenas, espinas, flores

de cementerio, y las une con la persona, en la medida que los cadáveres se pudren así sucederá, en quien se ha creado el encantamiento.

De igual manera se actúa, sobre lugares, casas, objetos, cosechas, etc.

El mago prepara los filtros con determinados elementos de la muerte y los arroja, al lugar que quiere embrujar, previamente habrá preparado un fetiche representando al dueño, y por la ley de lo semejante actúa.

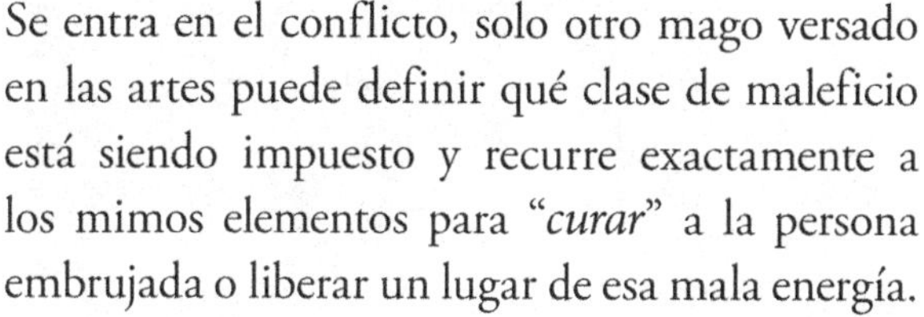

Se entra en el conflicto, solo otro mago versado en las artes puede definir qué clase de maleficio está siendo impuesto y recurre exactamente a los mimos elementos para "*curar*" a la persona embrujada o liberar un lugar de esa mala energía.

Cuando las energías son muy poderosas la persona y lugar, están condenados a morir.

Una persona que está siendo maleficiada, siente el maleficio, se presentan las señales que así lo indican, la vida cambia radicalmente, es muy difícil prosperar, se debe ante la primera señal, buscar ayuda, de lo contrario cuando se intente alguna contra, puede ser muy tarde.

RITUALES DE MAGIA

Antes de ejecutar cualquiera de estos conjuros es prudente conocer:

• Toda energía irradiada regresa multiplicada a su creador.
• La venganza no es la mejor vía o alternativa de justicia.
• Las influencias mágicas son difíciles de liberar.
• Todo acto mágico produce alteraciones tanto físicas como mentales, se debe ser prudente cuando se quiere influir sobre otra persona.
• ¿Vale la pena realizar un ritual en contra de alguien?

Ritual de magia

Cada ritual ejecutado depende de la intención e intensidad del deseo, se llama alta magia cuando se pretende dominar, controlar, obtener, alterar, una persona o un lugar específico.

La magia aplicada a los eventos destructivos o conocida normalmente como brujería, se realiza bajo una libertad absoluta del mago, quien asume las consecuencias del manejo de las energías, tanto de la oscuridad como de la luz.

Magia mental

Goecia

El mundo de las sombras también llamado Goecia es la comunicación con el mundo de las sombras, y los espíritus malignos (demonios), es empleada por los magos y meigas para causar toda clase de males.

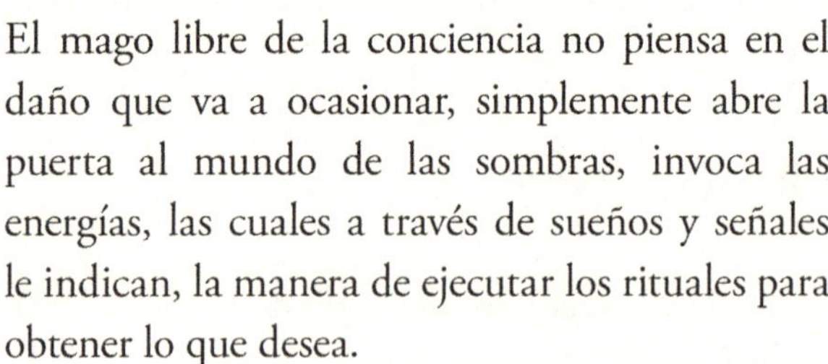

Estas energías son formadas o creadas por el pensamiento irradiado de muchos magos, mediante el animismo se identifican, invocándose cuando se necesitan.

El mago libre de la conciencia no piensa en el daño que va a ocasionar, simplemente abre la puerta al mundo de las sombras, invoca las energías, las cuales a través de sueños y señales le indican, la manera de ejecutar los rituales para obtener lo que desea.

Las horas, los días, las fechas, los planetas, todo posee una energía o un espíritu de control.

Para realizar los rituales, el mago debe abrir la puerta de su mente a ese mundo oscuro, para ello se realiza lo siguiente:

Hacia la medianoche en el solsticio de luna llena, el mago renuncia a su vida, acepta el poder mágico. Invoca los espíritus, y permite que ellos establezcan la comunicación.

Información:

Como el solo acto de leer la invocación ya abre la puerta al mundo mágico de las sombras, no será transcrita en este manual. Si el aprendiz desea obtenerla, su mismo deseo le mostrara el camino para encontrar la llave que abre el mundo de las sombras y los espíritus de alteración.

El mago que desea causar daño, puede realizarlo de diferentes maneras:

- Con la mirada, agüeyamientu o mal de ojo.
- Con la palabra, conjuro, decreto o maldición.
- Con los eventos mágicos, hechizos y embrujos, o alumbramientos.
- Con los fetiches, los cuales se colocan en tierra de cementerio o en lugares oscuros con la representación de quien se quiere embrujar.
- Con elementos de la muerte, medallas, muñecos, velas, sebo.
- Con los cordones de los zapatos de un muerto, o sogas de ganadería con la cual se produce la muerte, restos de animales, viseras, alas de aves

de carroña, argollas de compromiso, cadenas y demás.

Los elementos del daño son todos aquellos que causen penas, el mago los utiliza para alterar la vida a distancia, se crea el influjo con base en la fase de luna y en movimiento celeste, la energía irradiada a través de un objeto de culto mágico infesta el lugar o persona, lentamente va minando hasta llevar la mente al sufrimiento.

Los rituales que se ejecutan para causar un dolor son los mismos que se utilizan para el bienestar, la diferencia radica en la intención y en el uso de los objetos mediante la ley de la atracción de lo semejante.

Uno de los poderes más grandes del daño, consiste en dos situaciones extrañas que cada aprendiz debe ventilar.

La primera, que extrañamente pareciera que el mago que causa daño, todo le resulta bien, la abundancia, la suerte, la buena vibración, el progreso, así mismo ocurre con las personas que causan daño, o que se portan mal, cuanto más malos, como que mejor les va, pero **¡CUIDADO!**, ese es un elemento de la misma magia, el cual es cierto, al actuar mal, o influir negativamente

sobre alguien, la energía que el mago recibe es muy alta, por ende, las cosas parecieran fluir positivamente, pero esconde un peligro que el aprendiz debe tener siempre en cuenta, se sube muy alto, para que la caída sea total, esto quiere decir que quien obra mal, a pesar, que, le vaya muy bien, terminará cayendo a un infierno.

En la balanza mágica, el aumento del peso de bienestar en uno de los extremos deja en el otro el vacío del desastre perdiéndose el equilibrio, en el momento en que la balanza se armonice, el mal caerá con toda la fuerza sobre quien se alimentó del mal.

Teúrgia

La Teúrgia es la comunicación con lo divino, con los espíritus del bien y ángeles, con los seres que rigen las horas, los días, los planetas los diferentes elementos y elementales, son la luz y la sabiduría que aporta al mago el poder de crear en los diferentes rituales, la teúrgia es el arte de los encantamientos y la unificación del mago con la esencia misteriosa de la naturaleza.

El mago al suplirse de la energía toma la fuerza de la naturaleza para alterar y realizar eventos mágicos, en este aparte se debe comprender que

todo mago que se une con la luz, la magia de la teúrgia es aplicada para producir alteraciones que se podrían interpretar como Goecia o magia destructiva, un mago debe manejar las dos magias.

La única defensa mágica contra el mal es el mal. A pesar, que, la intención del mago no es causar daño, sino combatir el mal, deberá utilizar el mal, para combatirlo, es algo que cada aprendiz deberá tener muy presente.

Para tener en cuenta y meditar en el mal en su aspecto destructivo, si se mira del punto de vista del dolor, recordando que cada cual, define la diferencia entre el bien y el mal, en ocasiones el mal es el mismo bien, y el bien es el mal.

El mal

- El bien nunca triunfará sobre el mal.
- El mal se alimenta del sufrimiento.
- El mal en su inicio produce ventura.
- El mal en su final produce amargura.
- El mal solo acepta el mal.
- El mal en lo malo es bueno.
- En mal en lo bueno, es malo.
- El mal no tiene límites.
- El mal no tiene conciencia del bien.

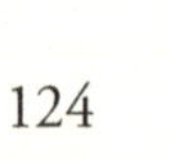

• El mal es en esencia el mal.
• El mal se auto alimenta del mal.
• El mal se auto alimenta del bien.

El bien

• El bien causa dolor y abandono.
• El bien se somete y sufre.
• El bien produce felicidad momentánea.
• El bien no destruye el mal, si no lo fortalece.
• El bien enaltece.
• En bien triunfa, al dominar.
• El bien se transforma en mal, para destruir el mal.
• El bien es la esencia del mal.
• Solo del bien, nace el mal.
• El bien no se destruye.
• El bien es perpetuo.
• El bien no se agota, se transforma.

Quien logre meditar sobre estos temas y descubra la esencia, lograra aplicar en su vida un concepto muy profundo de la magia.

A manera de ejemplo:

El bien causa dolor y abandono, esto podría no ser aceptado, se supone que para el bien todo es bueno, pero en la magia se comprende, que

aquello que es bueno termina sufriendo, quien es bondadoso, generoso, quien se entrega más, quien da todo de sí en su bondad, al final termina siendo presa del dolor y el sufrimiento, en todo, en la vida, quien más da, es al final quien más sufre.

Con todo lo anterior se piensa ¿Es mejor ser malo? ¿Es mejor ser bueno?

La respuesta que indica la magia es:

Ni bueno ni malo, ninguna de las dos, el mago no piensa en el bien, y el mago no piensa en el mal, el mago promueve el equilibrio, y vive en la armonía usando para esto la estrategia.

El uso del bien, o el uso del mal, dependerá siempre de las circunstancias.

RITUALES

• Para lograr una influencia sobre otra persona

Un objeto de ella se debe poseer, con tres nudos se hará caer, con dos piedras un obstáculo pondrás, si en la noche negra esto harás.

Bajo la luna de novilunio, al rayar el alba, se toma un objeto de la persona la cual se va a influir de manera mágica, se ata con tres nudos con un cordel limpio que no haya sido usado para ningún menester, en cada punta del hilo o cordel se atan dos piedras quedando como un péndulo.

Después de eso todas las noches y a la misma hora, se mueve el objeto con las piedras en contra de las manecillas del reloj, luego se deja colgado, y se dice:

Te ordeno… (Pronuncié el nombre de la persona), que, desde hoy, mi mente será la tuya, que mi presencia este en tu pensamiento, que mi vida actué sobre la tuya.

Todas las noches se repite. Al final de dos lunas llenas se habrá logrado establecer la comunicación y la influencia.

Se debe ser indiferente cuando se vea a la persona, es preferible ignorarla.

• Para callar un mentiroso

Cuando se rodea de personas que hablan más de lo que deben o se quiere un secreto guardar, dice la magia que esto harás, si alguien habla mal de ti, si alguien dice lo que no debe decir.

Debes buscar cómo conseguir, una foto o una prenda o un bocado sobrado de una comida sin consumir.

Que tenga la energía y el sabor de quien dice cosas que no debe decir.

Excremento de chulo, ojos de ciervo
Brujas negras del averno
Mezclo y mezclo sin parar
Que este brebaje ha de terminar
Con quien dice mentiras
Con quien engaña más
Silencio sus labios, que no pueda hablar.

Se recoge la mezcla realizada con los sobrados de comida y el excremento de chulo, o la fotografía embadurnada, y se arroja cerca de donde vive la persona.

• Para obtener beneficio de buena suerte

Durante el Litha o solsticio de verano se realiza el siguiente ritual:

Se debe conseguir un billete o moneda tomada de un lugar donde abunde el dinero, banco, súper mercado, con un prima, diamante o circón, se hace que la luz del sol forme un arcoíris, con ese rayo se ilumina la moneda o billete, luego se pasa cerca del cuerpo unificando el aura con la energía de la abundancia, posterior a esto se siembra en las raíces de un árbol, antes que termine el día más largo del año.

• Otro para la suerte

Durante la primavera cuando las aves han dado cría y abandonan el nido, se busca uno, que tenga plumas de los recién nacidos, se toman tres plumas, se atan con las ramas del mismo nido, cuidando de dejar dentro un objeto que contenga su energía, luego se siembra a la entrada de su casa u hogar.

• Para alejar a una persona

Se consigue un objeto o prenda de quien se quiere alejar, se coloca en la entrada de su hogar, y luego se procede de la siguiente manera.

Llegando la medianoche, se amarra la escoba, con tres cintas, una blanca, una verde y una negra.

Se invoca el nombre de quien se quiere alejar, **se bate la escoba en el aire y esta oración se dirá:**

Por alas de noche
Por los céfiros del amanecer
Alejo lo que está cerca
Con esta escoba le ayuntaré

Se bate la escoba por segunda vez y se dice:

Tres vueltas en la esquina
Y una al revés, que no regrese nunca
Y que no vuelva después.

• Ritual para atraer

Con la escoba se logra lo mismo, alejar o atraer, se consigue una prenda fotografía u objeto, de quien se desea que esté presente.

Cuando se obtenga bajo la noche de cuarto creciente se realiza lo siguiente: se ata a la escoba el objeto en cuestión, **luego se bate al aire mientras se dice:**

Te atraigo y te tengo
Te cojo y te ato
Que vengas que vengas
Que nada te detenga
Que en este lugar
Solo aquí estarás

Cuando la persona llegue se deberá colocar sebo derretido (grasa de animal) en el sitio donde ha pisado en la casa, cuando esto se realice la persona ha sido "*cebada*" tendrá siempre deseos de regresar.

Con el objeto se amarra con dos cabellos y un cordón negro, cuando se desea que venga se aprietan los nudos y se le dan vueltas, si quiere que se aleje se sueltan los nudos y se gira al revés.

Este ritual no se puede deshacer

• Para obtener poder

Con una corteza de cedro se dibuja dentro de ella tres triángulos, todos en la misma posición, se escribe su nombre al revés con un punzón que esté caliente, se coloca en el centro de la corteza un imán pequeño, luego los extremos se enrollan con hilo rojo, se deja a la luz de la luna llena durante tres días.

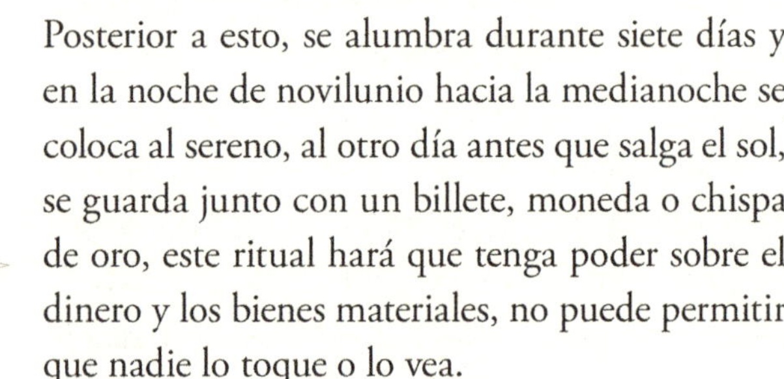

Posterior a esto, se alumbra durante siete días y en la noche de novilunio hacia la medianoche se coloca al sereno, al otro día antes que salga el sol, se guarda junto con un billete, moneda o chispa de oro, este ritual hará que tenga poder sobre el dinero y los bienes materiales, no puede permitir que nadie lo toque o lo vea.

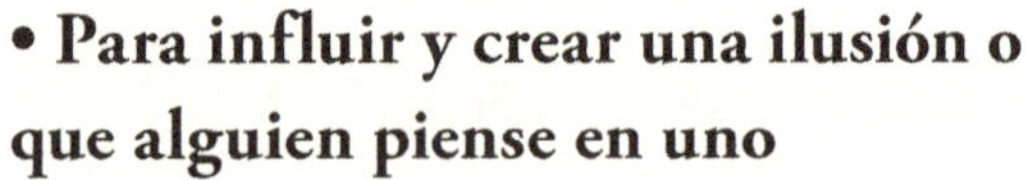

• Para influir y crear una ilusión o que alguien piense en uno

Este ritual se ejecuta bajo la libertad de cada cual, si se utiliza bien puede estimular y ayudar a otra persona a distancia, si se utiliza mal puede causar penas y dolor, así que piénselo bien antes de ejecutarlo.

En la noche de luna llena o solsticio de luna llena, se deben conseguir cinco piedras tomadas de un

rio, las cuales deben poseer diferentes colores y tonalidades, cuando la luna se encuentre en el cenit o en su punto más alto, hará lo siguiente: Coloque las piedras formando una estrella de cinco puntas, siéntese en el medio, en una copa (no importa el material) coloque un objeto de la persona a la cual desea influenciar.

Encienda dos velas, dejándolas a cada lado de la copa, luego concentre su atención y con una vara o bastón del mago, gire sobre la copa en sentido contrario de las manecillas del reloj mientras mentalmente dice e imagina a la persona en cuestión.

Este es mi poder
Este es mi fuerza
Por esta luna
En donde estés me sientas

Te atraigo a mi esitvbi
Te domino esitvbi
Te influyo esitvbi
Te obligo a pensar en mí.

Puede colocarse determinadas cosas para influir sobre la persona, por ejemplo; un incienso, entonces se imagina y se dice:

El humo te inunda... en tu mente estoy... quiero de ti... o que hagas... etc. Igual con un perfume...

La influencia durante la noche de luna llena es más rápida, se puede alterar los sueños de la persona e influir en ella. Comience por cosas pequeñas como por ejemplo que use determinadas prendas o colores específicos.

Recuerde que, si genera un daño, un daño obtendrá y las energías que retornan son muy difíciles de manejar, cada cual recibe lo que ha dado.

Recuerde: se debe conocer la forma de vida de la persona, a qué horas duerme, a qué horas está en vigilia, que le gusta, a que elementos le teme, etc., el conocimiento de esto ayuda para lograr una conexión, por ende a crear una influencia, pero recuerde; que la persona no hará, o ejecutará algún acto, que vaya en contra de sus principios, solo un mago versado en el arte de influir puede controlar la mente de otro.

Las velas, las piedras, y la copa debe conservarlas, si las va a utilizar en otros rituales, deberá limpiarlas de energía. (*Véase el libro* ***El Poder del Mago***)

• Para anular una entrada

De diferentes maneras el mago debe aprender a neutralizar una energía, la cual infortunadamente muchas personas lo realizan para "*cerrar*" un negocio, casa, carro, establecimiento comercial; etc., Pero un mago lo hace para atrapar una energía evitando que se escabulla, ahora de usted depende que quiera hacer.

Se realiza de la siguiente manera:

Los elementos de los muertos están infestados de la energía de la muerte, todo es destrucción, el mago utiliza tierra, flores, velas o cirios de los cementerios, igual las velas de sebo que se encienden en las noches del lunes en las puertas, se prepara una mezcla con estos elementos.

- Tierra de cementerio
- Flores de un funeral
- Velas de sebo o cirios
- Dos piedras de una lápida o tumba.

El mago hace lo siguiente, durante la noche de novilunio o luna negra, hacia la medianoche, se mezcla en un caldero, se derrite la cera, se agregan las flores, y la tierra, todo esto forma una masa o un ungüento.

Mientras que se derrite y se prepara se dice:

Por el poder de la vida
Por la muerte que siempre triunfa
Por la puerta del más allá que no se cierra
Te conjuro tierra
Te libero tierra del misterio
Te ordeno que la puerta que cierro
Siempre quede, para siempre cerrada
Todo el poder de la muerte
Está aquí atrapado
Donde sea colocado
Para todo quedará cerrado

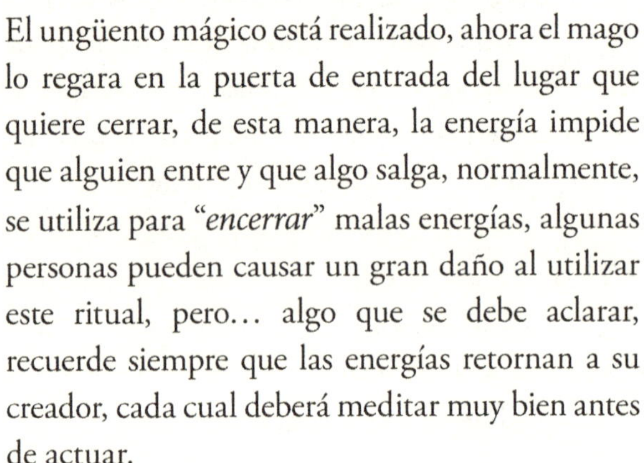

El ungüento mágico está realizado, ahora el mago lo regara en la puerta de entrada del lugar que quiere cerrar, de esta manera, la energía impide que alguien entre y que algo salga, normalmente, se utiliza para "*encerrar*" malas energías, algunas personas pueden causar un gran daño al utilizar este ritual, pero… algo que se debe aclarar, recuerde siempre que las energías retornan a su creador, cada cual deberá meditar muy bien antes de actuar.

El ungüento se pasa por las esquinas de la puerta de entrada, con el restante se coloca en el dintel de la puerta, a partir de ese momento el lugar quedará cerrado, nada entra y nada sale.

Un mago conocedor de las artes es el único que puede romper el cierre causado, liberando nuevamente las energías para que fluyan.

• Para liberarse de un cierre

A diferencia de lo anterior, una persona puede romper un cierre creado sobre su energía, mas no sobre un lugar, se realiza lo siguiente:

Se necesita:

- Tierra virgen o campesina
- Una porción de arcilla
- Agua de un rio, recogida de espaldas a la corriente.
- Un ave, paloma, gallina, etc.

Se realiza lo siguiente durante la noche de cuarto creciente.

Se coloca a calentar la arcilla, bien caliente teniendo especial cuidado en evitar una quemadura, se coloca al fuego hasta que adquiera tal temperatura que haga que el agua se evapore. Al estar caliente se coloca en un plato o recipiente que soporte el calor.

Posterior a ello y con cuidado se orina sobre la arcilla caliente, teniendo cuidado de evitar quemaduras, mientras lo hace debe pensar que se libera de ataduras y limitaciones, luego cuando la arcilla esté fría, se hace un hoyo en la tierra y se vuelve a enterrar.

Al terminar de realizar lo anterior, procede a bañarse de los pies hacia la cabeza con la tierra y el agua de río, refregando bien cada parte del cuerpo, antes de quitarse la tierra, se pasa el ave alrededor de todo su cuerpo como si estuviera limpiando su energía de abajo hacia arriba, al terminar de pasar el ave, se deja libre se ducha normalmente, y el ave se libera.

En ocasiones el ave muere en el sitio de la limpieza, se pueden presentar fenómenos extraños durante la liberación.

• Para atraer el amor

Se consigue tres rosas rojas, que se encuentren aun en la planta, se cortan de abajo hacia arriba.

Se consigue un objeto o prenda de la persona que se quiere atraer, si no es posible conseguir algo, el ritual no se puede realizar.

Una fotografía puede servir si es reciente, pero que no sea regalada por la persona, solo sirve si se obtiene sin que lo sepa.

• Para obtener un beneficio

Durante la noche de cuarto menguante, se recogen 7 flores diferentes, se consigue las alas de una luciérnaga también conocida como cocuyo, en ocasiones no es fácil, pero se puede recomendar a una persona que viva en el campo.

De igual manera se necesita miel, preferiblemente que se encuentre en la cera o panal.

Con lo anterior se realiza lo siguiente:

Se mezclan las flores con la miel, y se coloca a la luz de la luna llena, luego se aplican las alas de la luciérnaga, con todo listo se mezcla, luego hacia la medianoche de la luna llena, se procede a limpiar el cuerpo con la unción del cuello hacia abajo muy lentamente, posterior a ello se ducha normalmente, se pueden presentar eventos extraños durante ese momento.

ALUMBRAMIENTO
Rituales con las velas

Si se desea obtener un poder mágico para la buena fortuna, se debe colocar una fotografía suya y alumbrarla por nueve días, luego la deja al influjo del sol, posteriormente la guarda debajo del colchón hacia los pies de la cama.

• Para atraer mil poderes

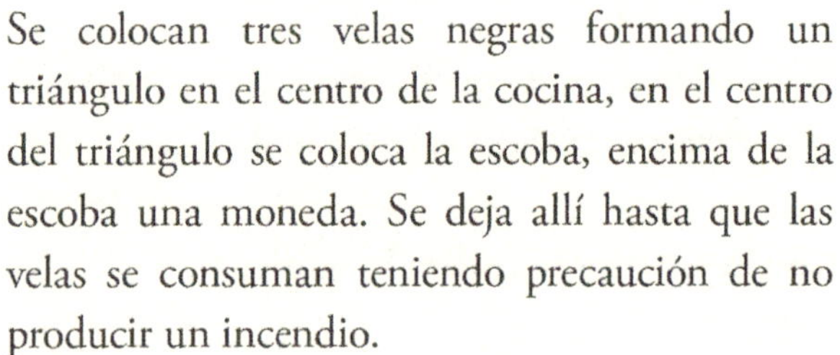

Se colocan tres velas negras formando un triángulo en el centro de la cocina, en el centro del triángulo se coloca la escoba, encima de la escoba una moneda. Se deja allí hasta que las velas se consuman teniendo precaución de no producir un incendio.

Al otro día se barre la casa empujando por todas las esquinas la moneda, al terminar se siembra en una matera de sígueme, la abundancia llegará a su hogar.

• Para que un enemigo no cause daño

Se consigue una vela negra de magia, se recita la oración de la liberación o conjuro mágico, (*Se encuentra en el libro de* ***Oraciones mágicas***),

luego se apaga sin soplarla y se debe dejar cerca de donde vive la persona.

• Para anular un negocio

Se escribe con el jugo de la semilla de aguacate, en pergamino virgen la información del sitio o lugar que se desea anular, luego durante un velorio o entierro se siembra en el cementerio. Se deben decir las oraciones.

Se debe tener cuidado con este ritual,
si la magia haces mal,
multiplica por tres lo que has de pagar.

Un espejo y una vela, son dos elementos de gran poder, si usted es dueño de un negocio y desea que le vaya muy bien lo siguiente deber hacer.

Se consigue una vela amarilla que este conjurada o mágica (*Véase el libro* ***La Magia de las Velas***)

Un espejo redondo que no haya sido utilizado para ningún menester se realiza lo siguiente:

En un día de novilunio salga a la calle y mire donde pasa mucha gente, saque el espejo y deje que la multitud se refleje en él, pero que no aparezca su imagen sino la de la gente.

Se entiende: que se debe reflejar la gente en el espejo y no uno.

Luego se tapa con cuidado y en el local o lugar del negocio se destapa y se ahúma, con la vela mágica. Al estar bien ahumado y cuidando que no se quiebre, se le pega la primera venta del día siguiente, se dará cuenta como llega la gente.

SECRETOS MÁGICOS

• Tres tabacos cruzados, con un alfiler que este encantado, limpia el hogar y atraen la felicidad, se deben quemar en la soledad.

• Casa donde hay restos humanos, casa que embrujada está, si no se llevan al camposanto, la tragedia y dolor vendrá.

• Una cuchara bajo la cama, la fidelidad en el matrimonio estará.

• El vestido de novia mal agüero será, si se guarda después de la boda, la tristeza y el dolor vendrán.

• El vestido de novia que se regala en la luna de miel, la fortuna y riqueza sin duda llegará, así como el amor será constante y nada lo separa.

• Tres botones blancos de dos ojitos, tejidos en la noche de tormenta, colgados en la puerta de la cocina, mil venturas traerán.

• Un tenedor doblado, un diente hacia delante y dos hacia atrás, enterrado en una matera el hogar de la magia protegerá.

• Dos prendas íntimas que estén sin lavar hacen que la pareja no se vuelva a separar, si les haces cinco nudos, unidos se mantendrán.

• Una tela de araña, y tres monedas dejadas en la raíz de un árbol, la riqueza atraerá.

• Si dejas un vaso con agua al sereno de creciente, con una moneda regalada por alguien que tenga dinero, y luego te bañas con esa agua encantada, la fortuna también será para ti.

• Si colocas una escoba nueva bajo la cama y entre los cabellos de la escoba 33 granos de arroz, a la mañana siguiente barres la casa, una visita agradable en pocos días tendrás.

• Para conseguir un buen trabajo, una trenza con hojas de granadilla, eso harás, la unirás con un billete y detrás de un cuadro en tu casa pondrás, cuando tengas el trabajo la debes sembrar.

• Si en la casa hay malas energías y se quiere rápidamente limpiar, se queman cáscaras de naranja con café, dejando que el humo inunde todo el hogar, recuerde que la energía por algún lugar saldrá, eso quiere decir que después de limpiarla algo pasará, es bueno que pase así la energía ya no está.

• Si el amor se está alejando, se coloca bajo las sabanas los pétalos de cuatro rosas, cuando se

sequen se pulverizan y luego se arroja un poquito sobre el hombro izquierdo de la pareja, la cual sin duda regresará.

• Con el humo de un tabaco las influencias se pueden anular, si te lo pasas cerca del cuerpo el humo te protegerá.

Rituales mágicos negativos que causan daño

Si una venganza quieres realizar, por el daño que te han causado y si seguro estas, abre la puerta de la magia en su lado oscuro y la tendrás.

• Para una traición

Si te quieres desquitar de algún engaño que te causa pesar, tomas una foto del ingrato o la ingrata, con una cinta negra las amarras, le clavas tres espinas de cactus, y el dolor le devolverás. Piénsalo bien antes de actuar.

• Para obtener dinero

Si alguien te hizo daño y la mala energía te dejo, sientes que no progresas ni logras avanzar.

Consigue un clavo de cementerio, y entre una botella dejaras, las llenas de agua lluvia y piensas en quien te hizo mal, recuerda lo causado y no vayas a llorar, coloca en la botella algo que a esa persona pertenezca, luego tapas bien la botella y en el cementerio vuelves a dejar, rápidamente te darás cuenta como la fortuna vuelve a llegar.

• Para causar una alteración en las casas

Cuando se tiene que abandonar un lugar y se quiere dejar embrujado, se llevan los restos de una comida, mejor si son restos de aves ya consumidas, se abre un hoyo en el centro de la casa y se entierra junto con tierra traída de un cementerio donde entierren en la tierra y no en fosas, se maldice el lugar para que no se pueda habitar.

¡Aclaración!

La magia destructiva depende de cada cual, y si realmente se quiere usar, el causar daño o destrucción, es causar una alteración, recuerde que las energías retornan, en algunas ocasiones se requiere de usar, cada cual mira en su corazón si vale la pena en lo que considera justicia.

• Para encantar

Se debe conseguir sesenta y seis pelos de un gato negro, se tejen entre los hilos de un saco de lana virgen, de color negro, los cuales van de la siguiente manera, tres en el brazo derecho, tres en el brazo izquierdo.

Veinte adelante, veinte atrás, diez en el cuello y diez en la cintura.

Todo se debe tener en la noche de novilunio y solo se debe usar durante esa fase de la luna, si tiene algo importante para realizar, use ese saco se dará cuenta del influjo que puede ejercer.

• Para cobrar un dinero

Si la idea es ayudar a atormentar a alguien que debe un dinero y se niega a pagarlo, se consigue una fotografía o prenda de la persona, se coloca en un altar cabeza abajo y se alumbra al revés, con una vela negra, esto quiere decir que la vela se enciende al revés y la foto al revés, o la prenda.

Luego se consigue una planta urticante, (ortiga) con la cual se azota la prenda o la foto, todas las noches a la misma, hora diciendo: "*No te dejaré*

en paz, hasta que cumplas tu promesa" al final de unos días la persona atormentada aparecerá.

Es de recordar que la persona, va a sentir una gran desesperación, cada vez que se le azote, el pensamiento le llevará a la deuda que tiene y debe pagar, cuando lo haya hecho, el embrujo deberá terminar.

Si la intención no es hacer más daño, se quema la ortiga, las velas con que se alumbra se dejan hasta que se consuman en su totalidad, la prenda o la foto, se dejan sobre un tejado, para el que el sol y el viento se las lleven.

Cuando le pagan deuda, y para evitar que la energía se devuelva, un mercado o un regalo, a alguien que esté a su lado, le deberá entregar.

• Para alejar a una persona

Se toma una manzana de color rojo, se abre un orificio por el sitio donde se prende del árbol, se coloca dentro del mismo enrollado un pergamino con el nombre de quien se quiere que se aleje, junto con tres cabellos suyos, luego durante la noche de menguante se coloca al sereno, y se deja allí, hasta que el sol seque la manzana, al estar bien seca tuesta con el pergamino y se convierte

en polvo, luego se riega en la casa y en la noche de luna llena se barre con fuerza fuera de la casa, la persona no volverá, este ritual no se puede deshacer.

• Para atraer una persona

De manera similar al anterior, se consigue una manzana verde, se coloca en su interior un pergamino con los nombres de las personas que se quieren unir, luego se deja al sol teniendo cuidado de colocarla durante la noche de cuarto creciente, posteriormente cuando está seca se tuesta y convirtiéndose en polvo, el cual se arroja por donde la persona camina, siempre en dirección de la casa de quien la quiere atraer.

• Para el amor

Se consigue las barbas de un cabro y de una cabra en celo, se colocan a un cabo de madera de sauco recogido en la noche de novilunio, se amarra con un hilo rojo, queda como una escoba, con la cual se espolvorea sobre una foto o prenda de la persona que se quiere atraer, luego se une con una fotografía o prenda de quien hace el ritual, si le queda posible, cuando vea a la persona con mucho cuidado trate de sacudir con la brocha, el

hombro izquierdo, sin que la persona se dé cuenta la dominará sentimentalmente.

• Para obtener beneficios económicos

Hágase fabricar un porta billetes de plata, el cual se debe colocar al sol en las horas del mediodía, y posterior en la noche de luna llena, se deja al sereno para que reciba el influjo de la luna y el influjo del sol.

Consígase lo siguiente:

• Un billete recibido con la mano izquierda de una persona adinerada.
• Los cordones de un agricultor que deben ser regalados, no se pueden comprar, y deben de ser usados.

Durante una noche de cuarto menguante, preferiblemente en primavera, se coloca el porta billetes, junto con el billete que haya sido obtenido, luego se une con uno de su propiedad, y esto se amarra con los cordones del agricultor, se deja bajo el colchón. Se dará cuenta como su economía empieza a crecer, pero es importante aclarar que se debe saber administrar el dinero, se sugiere al hacer este ritual que durante un año evite endeudarse.

Como sugerencia en lo que al dinero tiene que ver, es importante conocer.

- No preste dinero, regala su energía y buena suerte.
- Dinero prestado, dinero olvidado y ruina.
- No adquiera cosas usadas, siempre trate de comprar cosas nuevas.
- No acepte dinero fácil, fácil se va y se lleva lo que usted tiene.
- Cuando reciba dinero, no lo reciba directamente, deje que lo coloquen sobre una mesa y luego de la mesa lo recoge.
- Cuando quiera que el dinero regrese a usted este ritual deberá hacer.

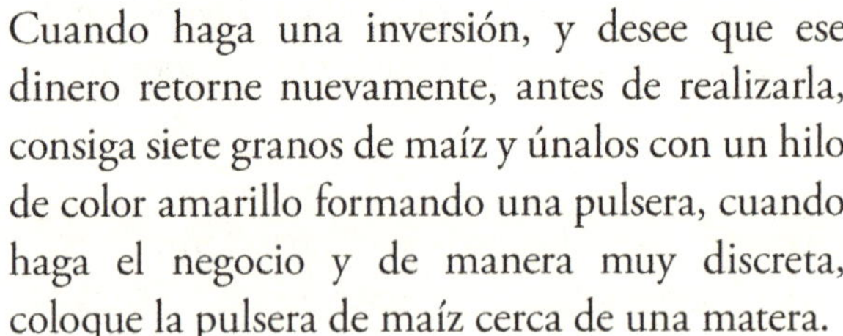

Cuando haga una inversión, y desee que ese dinero retorne nuevamente, antes de realizarla, consiga siete granos de maíz y únalos con un hilo de color amarillo formando una pulsera, cuando haga el negocio y de manera muy discreta, coloque la pulsera de maíz cerca de una matera.

Al final de un tiempo un negocio resultará, y su inversión una vez más recuperará.

• Para más dinero

Una vasija de cobre se debe conjurar, en ella noventa monedas colocarás.

Se deja en una esquina bajo la cama, escondida quedará.

Si quiere tener suerte y abundancia, coloque la vasija con noventa monedas, pero... de la siguiente manera.

Comience en la noche de novilunio, todos los días, en la misma hora, una moneda va a colocar, todos los días de noventa días, noventa monedas van a dejar, en la vasija de cobre, cada día después del noveno, verá como su dinero a crecer comenzará.

Cuando complete las noventa monedas, la vasija se debe tapar, se cubre con un paño negro, y solo cada 21 de junio en el solsticio del verano, las monedas limpiarán. Nunca le hará falta el dinero.

Las abuelas y los arrieros, siempre tenían dinero, de alguna manera extraña, el dinero les llegaba, hay una razón mágica, ellos y ellas, guardaban su dinero bajo la cama, o bajo el colchón o en algún sitio secreto de la habitación.

Hoy la gente lo consigna en los grandes bancos, y son ellos quienes tienen más dinero, guarde bajo el colchón, como lo hacían los abuelos. Notará el cambio.

SECRETOS PARA OBTENER FORTUNA

• Una planta sembrada en cuarto menguante, y siete monedas alrededor, multiplican el dinero, y la fortuna.

• Un trébol de cuatro hojas, conjurado y magnetizado, junto con un billete atraerá la fortuna.

• Durante la noche del equinoccio de otoño. Si se quiere que, en un negocio, aumenten las ventas, se hará lo siguiente: se pone a freír un pedazo de sebo, hasta que se derrita completamente, en la medida en que se derrite se agrega, dos pétalos de girasol, siete gotas de una pócima de abundancia, un centavo, una gota de sudor de quien quiere fortuna.

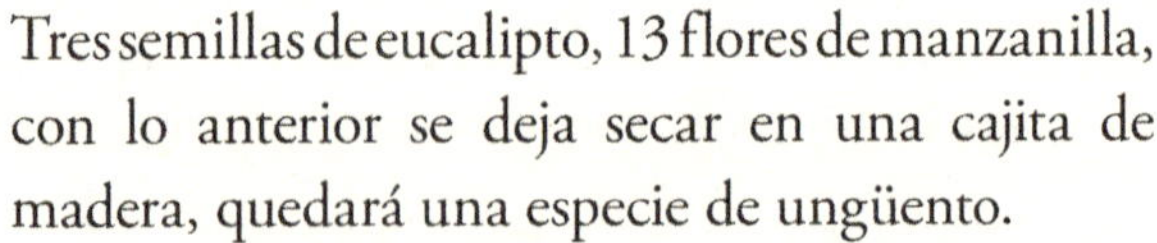

Tres semillas de eucalipto, 13 flores de manzanilla, con lo anterior se deja secar en una cajita de madera, quedará una especie de ungüento.

Cada luna de cuarto menguante se saca un poco del ungüento y se aplica en la puerta de entrada del negocio, el dinero llegará, estará cebado.

• Para que resulten los documentos a favor

Visas
Herencias
Prestamos

Divorcios
Procesos jurídicos

Se consigue el nombre de las personas que intervienen en el negocio o contrato, se escriben al revés cada uno en un pergamino, se debe escribir los nombres con un tizón de carbón que haya quedado de una hoguera.

Se consigue una penca de fique y se sacan veintidós hebras para formar un hilo, el cual se humecta con cera de abejas y aceite de sígueme, se entretejen los nombres, con una aguja punto de oro, uniendo los dos extremos del pergamino, quedan como un triángulo, y se cuelgan de tal manera que forme un móvil.

Al hacerlo cuando quede colgado se dicen las siguientes palabras mágicas:

Faoi chumhacht trí cinn
an dóiteán seo ba mhaith liom a dhéanamh
foraithne draíochta nach féidir a dhíbhe
d'fhéadfadh sé seo a bheith i mo chuid mhaith
Tá gach duine sásta
do mo chuid is mó
don todhchaí a bheith acu
beannacht

Se recomienda memorizarlo, recuerde la pronunciación no importa, es la intención la que da el poder.

Cuando se desea influir para que salga a favor, se pone a girar en una ventana hacia la medianoche, antes del amanecer se debe guardar en un lugar oscuro. Cuando el negocio resulte se quema el móvil, y se deja que las cenizas se dispersen.

Es de aclarar que este ritual no se debe usar, si es para obtener un beneficio al que no se tiene derecho, igual funcionará, pero la magia utilizada en esa forma, tristezas y penurias traerá.

Siete escobas prestadas, unidas en círculo eso se hará, cuando se quiere ser bruja y a todo el mundo dominar. Siete mujeres que se reúnen en le noche de luna llena, siete poderes tendrán, si las escobas juntan, en un círculo celestial.

La magia es un infinito conocimiento, los rituales se producen cada segundo, miles de posibilidades, cada año es distinto, cada día es diferente, cada emoción actúa con un impulso, cada mago, bruja, aprendiz, debe estudiar constantemente, aprender, conocer, probar, fracasar y volver a comenzar.

LA SUERTE
Augurios y Presagios

Son muchas las señales que se presentan antes de un suceso negativo, todo avisa lo que va a suceder, en muchas ocasiones estas señales pasan desapercibidas, y solo se reconocen cuando algún suceso ocurre.

Los presagios son los avisos de algo negativo, algunos se pueden evitar, cambiando de actitud o evitando realizar lo que se tenía planeado, cuando se presentan las señales, ejemplo: si va a viajar, y minutos antes se rompe o se quiebra un vidrio, es mejor revisar todo antes del viaje, analizar si vale la pena, o al menos dejar transcurrir un tiempo.

Normalmente, los avisos se presentan momentos o días antes de realizar algún evento, la gran mayoría solo sirve de información, no se pueden neutralizar.

• Es de mal presagio usar un vestido de novia si no se va a casar, se dañan las relaciones afectivas.
• Es de mal presagio usar argollas de compromiso. Así se esté casado.
• Un pocillo que se desoreja, problemas seguros de familia.

- Si una llave de la casa se daña, problemas vendrán, si es la llave de la puerta de entrada, aviso de obstáculos que sobrevendrán.
- Si en las noches, se apagan las luces y se despierta a la misma hora, piense que algo oscuro está por llegar.
- Algo que se quiebra, una despedida o separaciones llegarán.
- Una cortina que no corre, o no abre, la magia está siendo usada en su contra.
- Leche que se corta, un mago o una bruja están rondando.
- Alimañas que llegan a su hogar, desdichas y sin sabores llegarán.
- Encontrarse cruces y cadenas, problemas y dificultades.

El aprendiz de mago o meiga deberá estudiar con cuidado y aprender a reconocer las señales, con el tiempo se aumentará la percepción y aprenderá el lenguaje de las señales, de esta manera, con solo pensarlo, llega a sentir que está mal.

Augurios

Al igual que los presagios, hay señales que denotan que una situación será positiva. El mago debe aprender de igual manera a "*leer*" esas señales y prestarles atención, de los augurios nacen los

agüeros, los cuales son rituales que se ejecutan para obtener beneficios.

- Aparición de arañas trabajo y riqueza van a llegar.
- Frutas que llegan a la casa, abundancia en camino.
- Excremento llegado, riqueza y regalos, y dinero, vendrá. (Si se unta el calzado, o si un ave lo deposita, o si se sueña)
- Si la casa la visita un insecto, libélula, o mariposa, prepárese para una felicidad.
- Si ve un ramo, un amor secreto le está pensando.
- Si se encuentra una herradura, fortuna tendrá.
- Si por el camino una mujer de lunar en la mejilla aparece o la puede ver, una buena noticia va a tener.
- Si aparecen larvas de insectos en el hogar o gusanos, la abundancia va a llegar. (Algunas personas piensan que es mala suerte, pero realmente es la vida que llega a su hogar, evite quemarlos. Si los encuentra, recójalos y sáquelos a otro lugar)

Los augurios y los presagios son los extremos de un sortilegio o lectura de la suerte, la suerte se gana y se pierde, quien conoce el arte de leer la suerte a través de las diferentes mancias posee

el poder de transformar destinos. (*Véase el libro* ***Atracción de la Buena Suerte).***

Agüeros

Con elementos caseros:

• Una vela encendida en un negocio, colocada sobre una moneda, atrae más dinero.

• Un botón colgado por fuera en la puerta de entrada, un amor nuevo llegará.

• Los calcetines no se deben enrollar.

• Una cuchara ahumada y dejada bajo la cama en la noche de novilunio, las peleas evitarán.

• En la cocina de todas las casas, mil agüeros se pueden lograr, si cada uno descubre, el poder que allí esta.

Se espera quizá un listado de mil cosas que hacer, y mil que obtener, pero si es un aprendiz de mago o meiga, la tarea consiste en meditar, mirar, intentar, fracasar y volver a intentar hasta aprender.

Las plumas

Son lo más representativo de la magia, el color básicamente importa en la medida del deseo, potencializando la intención, las horas del día le dan la fuerza necesaria para realizar un ritual específico.

Las plumas negras

Procedentes de diferentes aves, entre ellas los cuervos poseen poderes misteriosos, se utilizan de la siguiente manera:

• Para alejar un enemigo

Se escribe el nombre de la persona o la dirección del lugar, en un pergamino virgen, se coloca en los ápices de dos plumas, hacia la primera hora del levante, se arroja al viento en dirección de la persona. Mientras se pronuncia mentalmente el deseo.

Este hechizo no se puede romper

• Para limpiar un lugar

Las plumas negras en manojo se unen con un cordel negro y una cinta amarilla entretejida, hacia el comienzo de la noche cubriendo todas las posibles luces, se procede a realizar una limpieza del sitio, persona o lugar, quien esto haga, deberá estar protegida y tener un ánimo fuerte, se presentan eventos desconocidos en esta clase de limpieza, cuando se desea alejar malas energías.

HORAS MÁGICAS

El día se divide básicamente en 24 horas de las cuales 12 son de luz y 12 de oscuridad, cada parte de las 12 se divide en 6 horas distribuidas así.

De las 12 de la noche a las 6 de la mañana, son las horas del levante.

De las 6 de la mañana a las 12 del medio día, horas de sol u horas matinales.

De las 12 del medio día, a las 6 de la tarde, las horas vespertinas.

De las 6 de la tarde a las 12 de la noche, las horas del poniente.

Las horas son diferentes de acuerdo con la estación, cada grupo de horas se utiliza para una operación mágica diferente, se debe tener en cuenta lo siguiente:

Al igual que el día tiene horas de luz y horas de oscuridad, el año tiene meses de luz y meses de oscuridad, se divide de manera muy similar.

LOS MESES

Del 21 de diciembre al 21 de junio, meses de luz, el amanecer del año.

Del 21 de junio al 21 de diciembre, meses de oscuridad, el atardecer del año.

Se caracteriza básicamente por dos eventos, los dos solsticios, solsticio de verano y solsticio de invierno.

Entre los solsticios al igual con la luna, están los equinoccios, equinoccio de primavera y equinoccio de otoño, se caracterizan por ser las fechas donde el día tiene la misma duración que la noche.

En verano el día es más largo que la noche, en invierno la noche es más larga que el día.

Al igual en la naturaleza se presentan otros eventos que el aprendiz de mago deberá tener en cuenta.

Los eclipses, son de dos clases de sol y de luna, cada uno posee cualidades muy especiales de acuerdo con la estación en que ocurran, y de allí se realizan diferentes rituales.

Se recomienda el libro ***Rituales Secretos de Magia y Brujería,*** para quien desee ahondar en este mágico conocimiento.

Eclipses de sol

Se realizan diferentes rituales de poder, se utilizan velas y representaciones del fuego, cuando el sol es cubierto por la luna, y queda en la totalidad oscuro, se espera el momento de la iluminación o diamante, donde el aura cubre la luna.

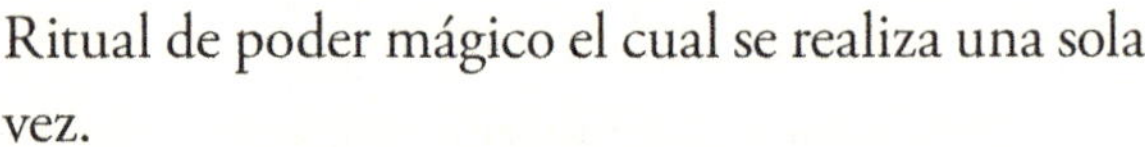

Ritual de poder mágico el cual se realiza una sola vez.

Durante el eclipse de sol el día tiene dos amaneceres y dos atardeceres, este eclipse se produce durante la fase de novilunio, el aprendiz de mago o meiga que desea poder realizar lo siguiente.

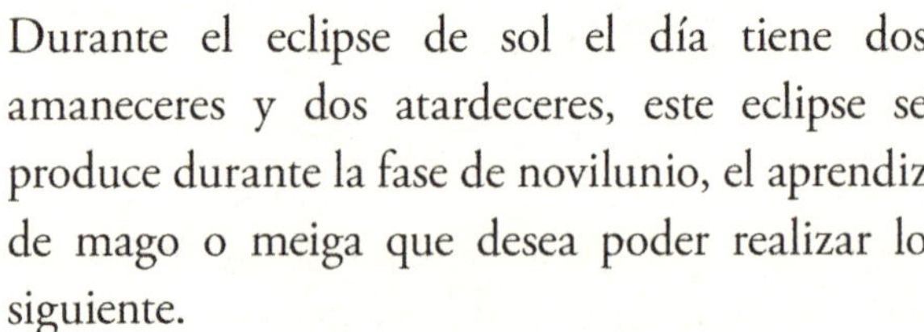

- Necesita una corteza del árbol de cedro
- Una copa de cristal con agua
- Nueve piedras, preferiblemente tomadas de un rio.
- Un cofre de madera, que se debe tener listo para cuando ocurra el eclipse.
- Una piedra semipreciosa, o un cuarzo de tamaño mayor.

Se debe con anterioridad buscar una vara, la cual se cogerá de la naturaleza preferiblemente de un bosque, debe medir casi dos metros, suficiente para hacer un bordón.

El día del eclipse, se procede de la siguiente manera:

- Se realiza un círculo con las nueve piedras.
- En el centro coloca la copa con agua.
- Sobre la corteza coloque la piedra o el cuarzo.
- En el momento en que se inicie el eclipse abra el cofre.
- Cuando la luna cubra el sol antes de la totalidad, eleve la vara de la siguiente manera y diga:

Mirando y señalando el norte
Poderes del norte guardianes de la luz
Los invoco a este altar a esta hora
Despertad y venid a mí
Seres de luz y seres de las sombras
Tu presencia es ahora la magnífica virtud
Arquetipo celeste
Abismo profundo del misterio azul
Despierta a mi llamado y ven enseguida
A entregar tu celeste misterio en el rostro sin luz.

Mirando al este
Vientos y remolinos huracanes enardecidos
Despertad a mi llamado, despertad del sueño lejano.
En esta hora sin luz ni oscuridad
En esta hora de la magia ausente
En este cayado... (Levantar el bordón)
Quedas en él para siempre.

Mirando al sur
Seres del frío andar
Seres del mar profundo
Despertad al llamado de este lugar oculto
Despertad con poder, que sea mío
Como ha de ser.

Mirando al oeste
Fuego inmanente de la vida
Despertad enseguida
Que te invoco en mi silencio
En esta noche sin luna.
Tu poder quiero obtener
Atrapado en este cayado
Que me des el secreto del poder
Cuando tenga que ser usado.

Realizado lo anterior coloque el cuarzo o la piedra dentro de la copa con agua, las nueve piedras en el cofre de madera.

Todo lo anterior deberá recibir los rayos del sol, en el momento que el eclipse termine.

Posterior a esto realizará lo siguiente:

En la corteza de cedro grabara su nombre y los símbolos mágicos. La cual guardará en su hogar en una bolsa verde, antes que acabe el eclipse ungirá con el agua el bastón, las piedras y la gema.

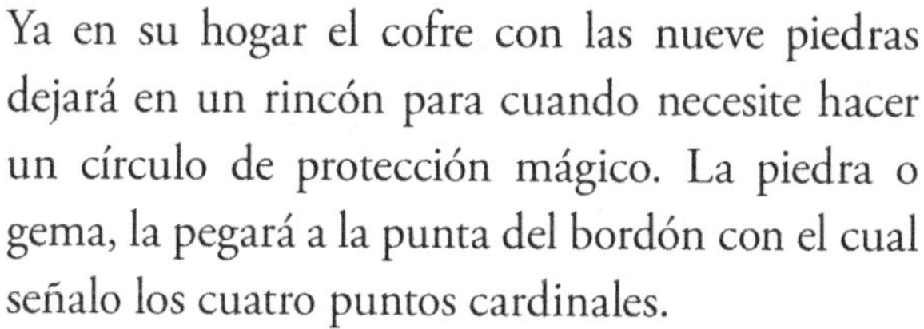

Ya en su hogar el cofre con las nueve piedras dejará en un rincón para cuando necesite hacer un círculo de protección mágico. La piedra o gema, la pegará a la punta del bordón con el cual señalo los cuatro puntos cardinales.

Ahora es poseedor de un gran poder mágico ese bordón tiene poder, todo lo que con él señale y con su conjuro, así sucederá. Consérvelo y si algún día no lo desea tener, se debe dejar en el cauce de un rio durante la noche de novilunio.

Eclipse de luna

Cuando la luna se vuelve roja como la sangre, es la fecha ideal para que el mago o aprendiz, magnetice diferentes elementos mágicos.

Se colocan sobre una tabla, únicamente usada para este menester.

Elementos de magia:

- Alas de diferentes insectos y plumas
- Arcilla para realizar fetiches
- Agujas y alfileres, preferiblemente negros.
- Aceites de diferentes especies
- Caldero
- Cintas e hilos
- Cuchillo o athame
- Copas o frascos de vidrio
- Diferentes cubiertos del hogar
- Estilete o punzón para hacer marcas en madera
- Frascos o envases para las pócimas y filtros
- Piedras, preciosas y semipreciosas (*recuerde que en la magia no se trata del valor*)
- Papel donde escribir conjuros
- Semillas para fabricar collares y protecciones
- Tierra recogida en diferentes estaciones
- Tierra de cementerio
- Tijeras
- Tintas y pergaminos

- Una baraja de naipes
- Un tarot
- Un espejo redondo
- Velas y cerillas, las cuales solo se usarán en magia.

Y los demás elementos que el aprendiz considere que requerirá para sus operaciones mágicas.

Se encienden dos velas, una negra y una blanca, la blanca al lado izquierdo de todos los objetos y la negra al lado derecho.

Cuando la luna se vuelva roja y empiece el eclipse se dice, pasando la mano y levantado los objetos:

Diosa poderosa madre de la fertilidad
Da tu luz a estas herramientas
Hechas con libertad
Desparrama tu poder
Hazlas mágicas y poderosas
Hazlas fuertes e invencibles
Hazlas puras y terribles
Si en la noche las he de usar

Por el poder de la oscuridad
Todo quede encantado
Y así conjurado con la luna quedara
En esta fecha mágica
La magia para siempre aquí estará.

SECRETOS DE ALTA MAGIA PARA INICIADOS

En este aparte, es prudente prestar atención a los elementos que se describen, el aprendiz de mago o meiga, que realmente desea profundizar en las artes, debe ser consciente de los secretos celosamente guardados, y nada mejor para guardarlos que dejarlos a la vista de todos, pero distrayendo su atención, haciendo al sabio más sabio y por ende al necio más necio.

El primer libro de magia se supone, fue escrito por el hombre más sabio del mundo el rey "*Salomón*" un testamento legado a su hijo Roboam, en el cual explica la manera por la cual alcanzó y gozó de infinitas riquezas y grandes amores.

Ese secreto celosamente guardado comenzó a ser público con una serie de rituales, algunos de muy difícil ejecución, ¿Dónde se consigue la piel de un lobo, muerto en la noche del solsticio del verano, por un cazador cojo de la pierna izquierda? ¿Para hacer un ritual de dinero?

Difícil, de encontrar, y así sucesivamente una serie de fórmulas que llevan a los necios a alejarse de la verdadera sabiduría. Si usted desea realmente profundizar en las artes y obtener grandes

beneficios las siguientes páginas le mostrarán un sendero, usted bajo su libertad, estudio y dedicación lo caminará y descubrirá el contenido mágico del libro de la sabiduría.

Esta es la iniciación, no más, de usted depende si continua con el estudio y profundiza, un mago tan solo se limita a mostrar el sendero, los secretos usted los debe descubrir.

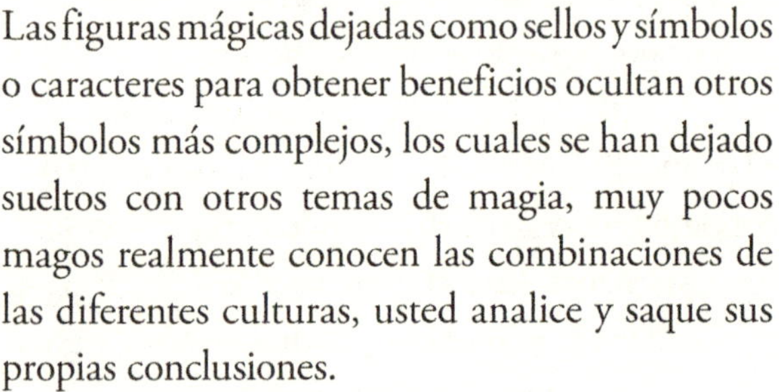

Las figuras mágicas dejadas como sellos y símbolos o caracteres para obtener beneficios ocultan otros símbolos más complejos, los cuales se han dejado sueltos con otros temas de magia, muy pocos magos realmente conocen las combinaciones de las diferentes culturas, usted analice y saque sus propias conclusiones.

Dos libros de poder y sabiduría se encuentran en el mundo, el libro de Thot, o Hermes el escriba de los dioses, el cual fue dejado para que lo hombres descubran el poder de la magia, es conocido como el Tarot egipcio.

El otro las Clavículas de Salomón, el hombre que disfruto de la mayor sabiduría, grandes honores grandes riquezas, dejo un extraño tratado de magia, y una serie de símbolos, los cuales se combinan con el conocimiento hermético.

De manera inicial el sendero se abre con los siguientes comentarios, son tan solo la primera letra, sé que muchas personas se molestan por lo restringido del conocimiento, otras quisieran encontrar todo perfectamente explicado, otros más, tan solo quisieran un ritual para cada cosa, y otros buscan encontrar la sabiduría.

En el siguiente aparte, encontrará un camino, el recorrerlo es solamente su deseo, si estudia y profundiza logrará grandes eventos de la vida, si no, bueno no estará preparado para el conocimiento y todo esto resultará siendo tan solo palabras, acompañadas quizá de algún extraño sentimiento de no encontrar lo que se deseaba.

Algunos elementos mágicos:

El athame o cuchillo mágico y sus símbolos para darle poder, según las clavículas:

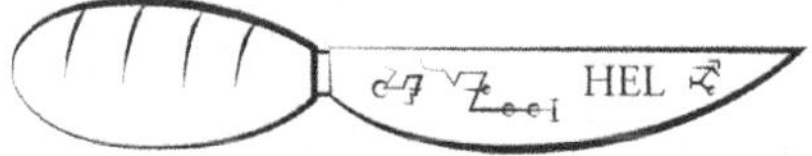

Símbolo mágico especial para usar en el cayado del mago, espada, o estilete.

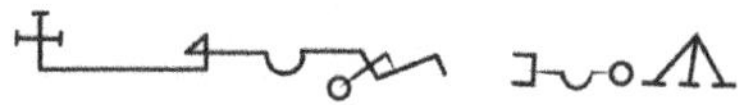

Sello de Agla, para grabar en objetos de culto mágico.

agla hel

Sello de protección, para las operaciones mágicas en que se involucran energías destructivas

Agiel Agiel

Sello mágico para los cabos, y vara mágica, le otorga gran poder, si es grabado en la noche de plenilunio.

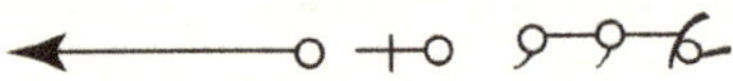

El sello misterioso de Venus se realiza sobre cobre, y se pega en una vara de sauco, el cual da poder sobre los espíritus de la oscuridad cuando se invocan.

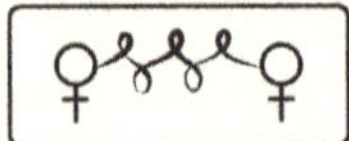

Sellos y símbolos sagrados de los cuatro espíritus que rigen los cuatro vientos y Las cuatro estaciones.

Oriental .... Seraph

Occidental .... Cherub

Septentrional .... Tarsis

Meridional .... Ariel

Sellos y nombres de espíritus, pero en realidad son los símbolos cabalísticos que poseen gran poder mágico, si son combinados y utilizados con las representaciones de las cartas del Tarot, para lograr comprender como se actúa de manera mágica, se hace la relación con el significado de la carta donde aparece el símbolo como orientación del ritual que se debe realizar.

Angeles

Sakfiel

Zadkiel

Samael

Rafael

Daniel

Miguel

Gabriel

Espíritus

Aratron

Betor

Faleg

Och

Hagit

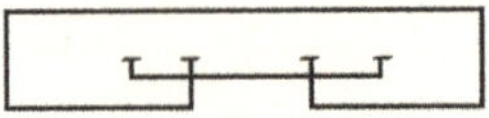

Ofiel

Ful

Casiel

Saquiel

Samael

Anael

Rafael

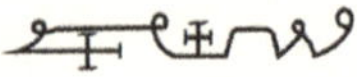

Miguel

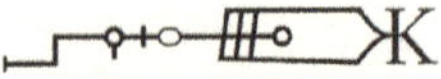

Gabriel

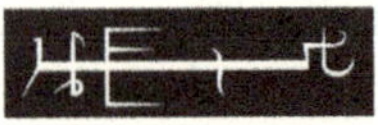

Sellos mágicos atribuidos a los planetas para ocultar su verdadero poder, se utilizan para operaciones mágicas, de acuerdo con las estaciones y deseos, si se graban sobre una tabla y se tiene en el lugar mágico, olvidándose de los planetas, hacen relación directa con la muerte y renacimiento, se utilizan para abrir puertas a otros mundos, el aprendiz que desea encontrar respuestas debe medita mucho en cada uno, hay unos para construir y otros para destruir, si los sabe usar y descubre los verdaderos de los falsos, y combina su sabiduría con lo demás, encontrará una llave que le abrirá las puertas del mundo. Dependerá de cada cual que desee hacer con el conocimiento.

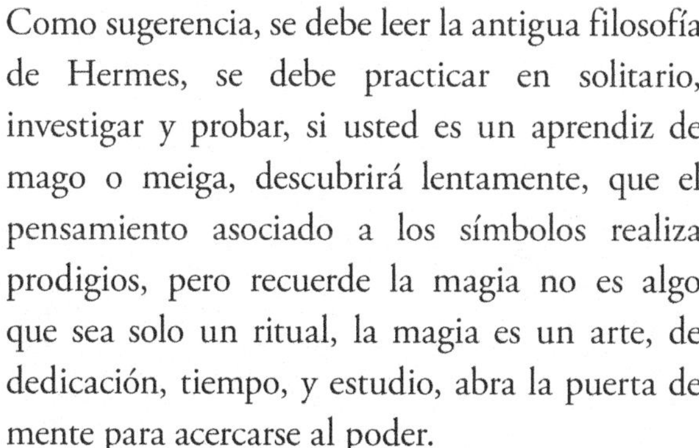

Como sugerencia, se debe leer la antigua filosofía de Hermes, se debe practicar en solitario, investigar y probar, si usted es un aprendiz de mago o meiga, descubrirá lentamente, que el pensamiento asociado a los símbolos realiza prodigios, pero recuerde la magia no es algo que sea solo un ritual, la magia es un arte, de dedicación, tiempo, y estudio, abra la puerta de mente para acercarse al poder.

Letras divinas de Marte

Sellos del Sol

Caracteres del Sol

Letras divinas del Sol

Sellos de Venus

Caracteres de Venus

Letras divinas de Venus

Sellos de Saturno

Caracteres de Saturno

Letras divinas de Saturno

Sellos de Júpiter

Caracteres de Júpiter

Letras divinas de Júpiter

Sellos de Marte

Caracteres de Marte

Sellos de Mercurio

Caracteres de Mercurio

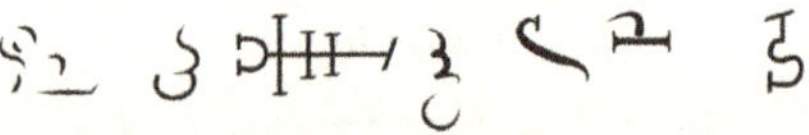

Letras divinas de Mercurio

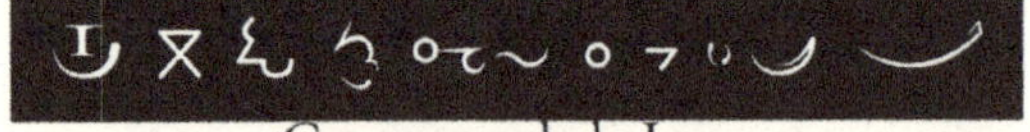

Sellos de la Luna

Caracteres de la Luna

Letras divinas de la Luna

Sello mágico con el que se cierra una obra mágica, si se coloca detrás de la puerta de una casa, nunca entrará la mala fortuna.

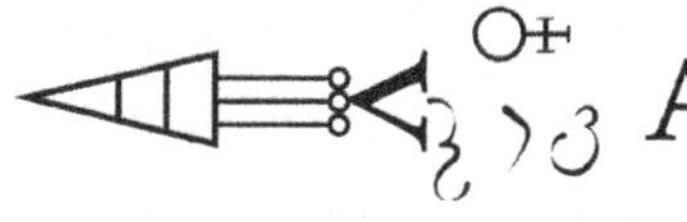

Sello que imprime la fuerza mágica para lograr un poder de dominio, se graba en una lámina y se cuelga detrás de un espejo.

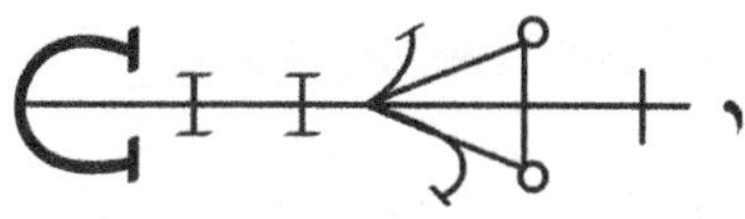

Si este sello se dibuja sobre un billete, y luego se entrega en un lugar donde haya dinero, el aura o poder del dinero llegará a usted. Atrae la fortuna, si está dibujado de manera invisible en un documento, quien recibe el documento se sentirá obligado a cumplirlo.

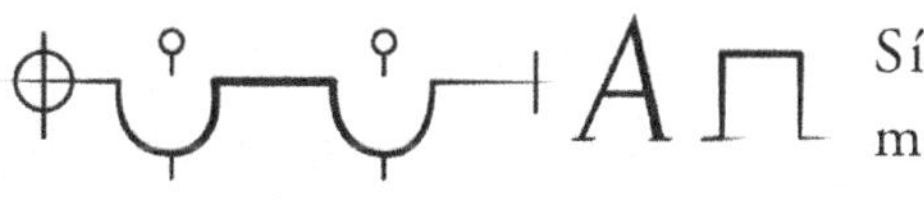

Símbolo mágico, se utiliza en los pergaminos, cuando se desea influir sobre las demás personas, para obtener mayores beneficios, para que no haya negaciones, para crear una influencia de poder.

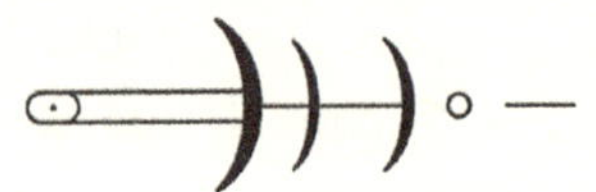

Si este sello se dibuja sobre las huellas de una persona, se convertirá en devota del ese lugar, se usa en el amor, y los hogares que tienen dificultad.

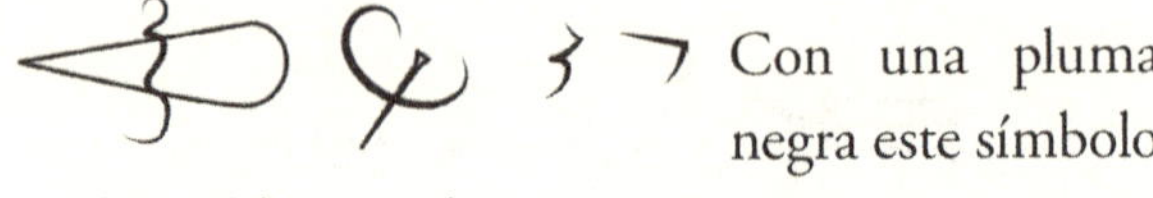

Con una pluma negra este símbolo se debe dibujar sobre un pergamino, se usa para obtener beneficios cuando se emprende un viaje riesgoso.

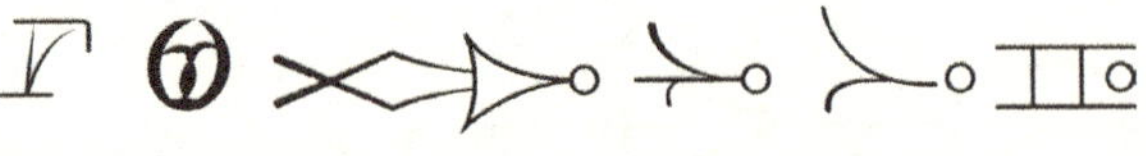

Este sello se debe elaborar con sangre, se utiliza para obtener amores y grandes dones, si se dibuja sobre una piedra que haya estado en un rio, debe ser recogida en la noche de plenilunio, se coloca en el lugar donde el mago guarda sus prendas.

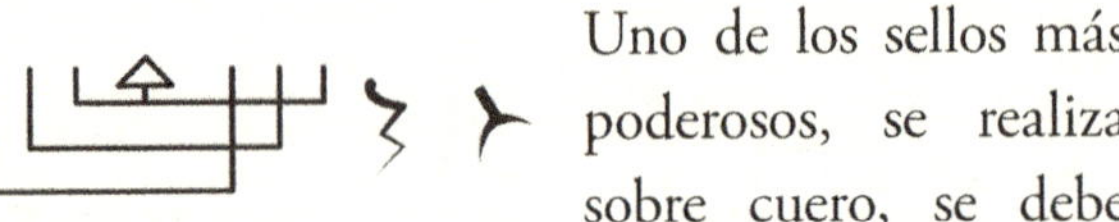

Uno de los sellos más poderosos, se realiza sobre cuero, se debe dibujar con un estilete caliente, se da forma de una pulsera y se usa como manilla, da poder en la influencia sobre las demás personas, produce una sensación de mucho respeto y obediencia.

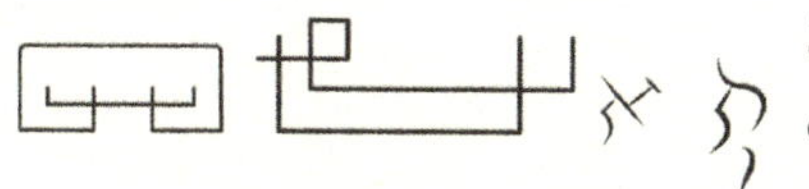

Si se tallan estos caracteres sobre un hueso en la noche de novilunio, luego se pulveriza, el polvo se guarda en un frasco negro, cuando se quiere obtener algo, bastará con regar un poco en una esquina de aquello que se quiere obtener.

De igual manera si se mezcla con ajenjo, donde se riegue el lugar quedará marcado por el mago y nadie podrá ingresar, si es un negocio el negocio fracasará, solo al mago el negocio le prosperará.

Grabe en una medalla de cobre este símbolo, llévela a un árbol que dé frutos y cuélguela en el mismo, cuando nazcan los frutos recoja las semillas y llévelas a su hogar, cuando tenga que hacer un negocio, riéguelas en ese lugar. También posee poderes de sabiduría, trate de investigar y descúbralos.

Misterioso símbolo conocido como Pantáculo, que significa llave, su símbolo hace relación con las cartas de tarot, la cual se debe ubicar y hallar la correspondencia, en el mundo mágico. Representa los elementos en su armonía, si se estudia y se dibuja sobre pergamino, emite una energía especial, abre las puertas del pensamiento a un conocimiento oculto, la tarea del aprendiz consiste en hallar ese conocimiento, si desea realmente profundizar en la magia. Se elabora bajo la noche de cuarto creciente.

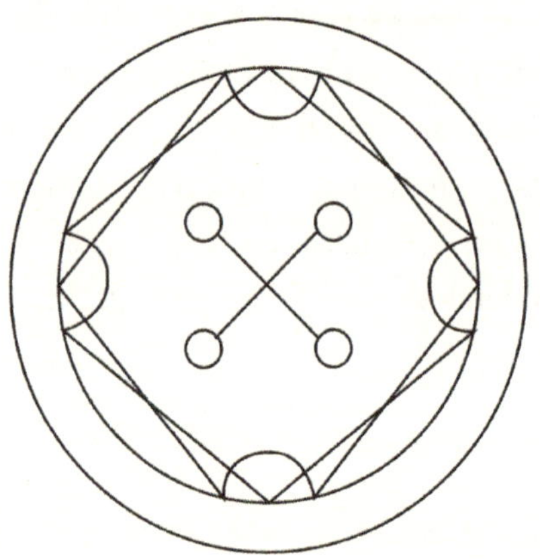

Para el aprendiz, este símbolo posee un poder oculto de gran fuerza, se debe mirar muy bien y analizarlo junto con las cartas del tarot, que identifican los símbolos ocultos, cada uno sí está en el sendero del conocimiento, descubrirá el contenido, dos triángulos, espíritu y materia, dos signos de equilibrio, es un acertijo, recuerde la lectura al inicio del libro le ayudará a encontrar respuestas.

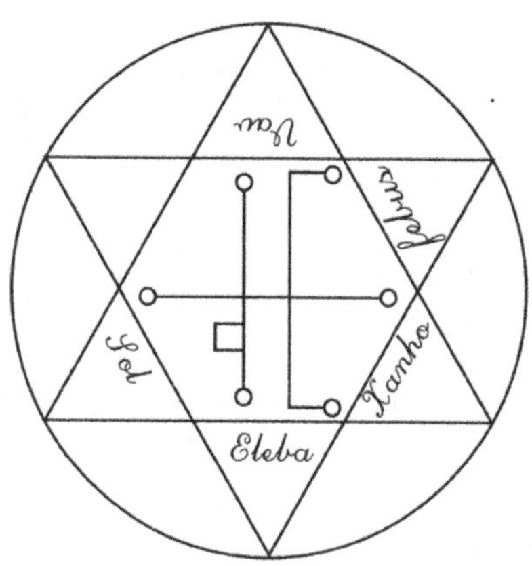

Mírelo y medite, descubrirá elementos mágicos. Elabórelo en madera bajo el solsticio del invierno, si solo desea obtener buena suerte.

Este símbolo posee poderes misteriosos, amplia la telepatía, permite conocer eventos, quien lo posea obtendrá honores, se debe ventilar en su significado oculto, y elaborarlo durante el solsticio del verano, se dibuja sobre una placa de oro, o en el interior de una sortija, la cual se deja escondida, no se debe usar.

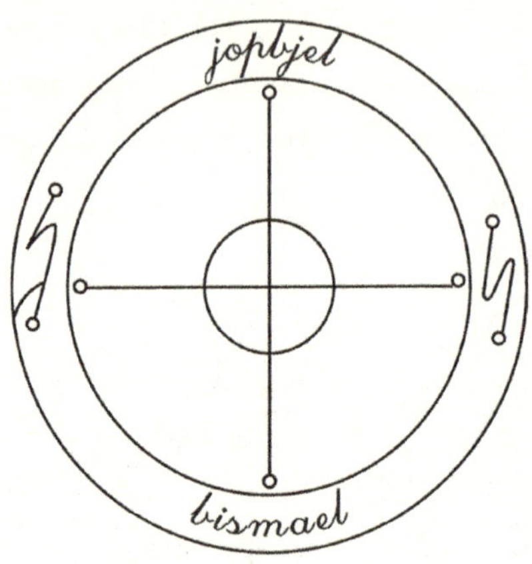

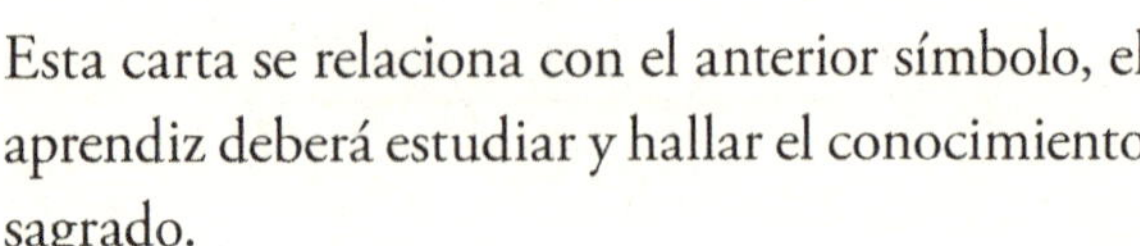

Esta carta se relaciona con el anterior símbolo, el aprendiz deberá estudiar y hallar el conocimiento sagrado.

Figura mágica complemento de otra, cuatro poderes, siete esencias, ocho vibraciones, un misterio que obra materializaciones portentosas, sabiduría que aporta riqueza y grandes beneficios para quien descubre su poder oculto, se debe meditar en su contenido.

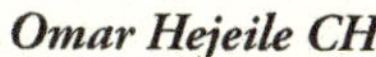

Se elabora sobre cuero negro, durante la noche de novilunio, y se usa pegado en una prenda.

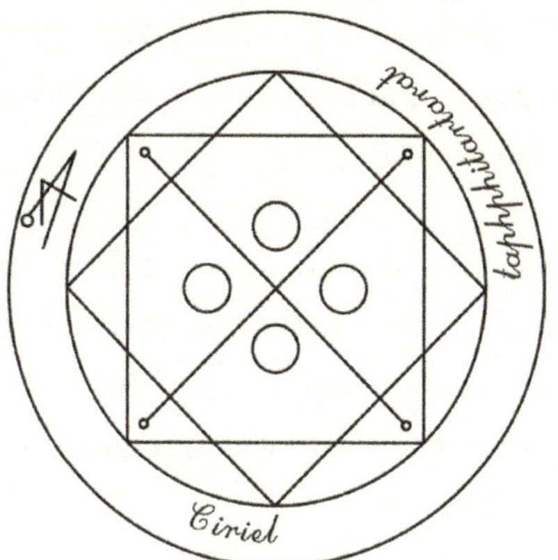

Esta carta junto con el símbolo anterior posee el conocimiento misterioso del poder, el mago o meiga, debe conocer los cambios, debe estar seguro, medite en este conocimiento, de manera profunda, si lo hace obtendrá beneficios que no imagina.

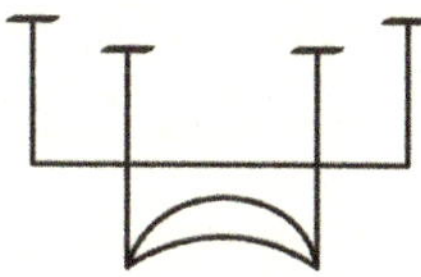

El símbolo cabalístico de mayor poder, hecho para que el aprendiz de mago lo utilice, abre las puertas al mundo desconocido de la magia, se dibuja con carbón sobre una lámina de arcilla, se debe realizar por partes, durante el invierno, en las cuatro fases de luna.

Lo más simple y complejo del universo, el poder total de cuanto existe, en este símbolo se encierra el conocimiento, solo quien realmente profundice en la magia, logrará encontrar la sabiduría que, en él, se encuentra.

La lámina de arcilla con este símbolo se deja cerca del lecho, al hacerlo se deberá estar pendiente de la revelación de los sueños, las puertas del triunfo y la sabiduría se abrirán, si el aprendiz descubre la clave para ingresar.

Usted debe encontrar el sendero si desea obtener el conocimiento mágico, ya posee las claves, ahora depende de su intención y su dedicación.

Para concluir

Dos rituales de alta magia, los cuales le permitirán obtener grandes beneficios, independientemente que estudie la antigua sabiduría.

• Para la abundancia y el dinero

Se realiza bajo la noche de cuarto menguante, un baño mágico, con el poder de la abundancia.

- Consiga un centavo, el cual calentará
- Un pergamino

Prepare el siguiente aceite:

- Aceite de tocador
- Hojas de sígueme, semillas de naranja, siete pétalos de rosas, dos pedacitos de canelón, una flor de diente de león, un cabello suyo

El aceite se debe dejar durante nueve días al sol, para que se liberen todas las esencias de las flores.

Al noveno día durante la noche de menguante, calentará el centavo, cuando esté caliente lo coloca sobre el pergamino y luego sin que esté frío lo agrega al aceite el cual se dejará durante

nueve días a la luz de la luna, cuando llegue a la fase de luna llena, se aplica el aceite hacia la medianoche.

El centavo lo conserva dentro de su billetera, y cuando necesite una ayuda mágica, se aplica en los pies siete gotas del aceite.

• Para la suerte

Si se trata de cambiar la suerte, se ejecuta el siguiente ritual:

Para ello necesita:

Un objeto que contenga la energía, de una persona que tenga buena suerte, o que este bien, tanto en salud, dinero, amor, no sirve que sea entregado deberá tomarlo sin que se dé cuenta.

Se mezcla con hojas de muérdago junto con una rueda pequeña de bambú.

Coloque un objeto suyo unido con hilo negro al objeto obtenido.

Durante la noche de novilunio coloca todo al sereno, su objeto debajo, y el objeto obtenido encima.

Encima de los dos, la rueda de bambú y por último las hojas de muérdago para cubrirlo todo.

Se deja esto allí hasta que aparezca la luna de creciente, durante esa fase, se hace lo siguiente, se coloca el muérdago sobre una lámina al fuego hasta que se seque y se pueda pulverizar o convertir en polvo.

Cuando este realizado lo anterior se abre un orificio en la rueda de bambú, allí se colocan los dos objetos el suyo y el obtenido.

Luego se procede a llenarlo con una parte del polvillo de muérdago, terminado lo anterior se siembra la rueda en una matera en la cual se debe plantar semillas de mostaza mágica.

La otra parte del polvillo de muérdago la riega en las esquinas de su habitación.

Si, en su casa hay malas energías se presentarán sucesos o fenómenos extraños.

ORÁCULO MÁGICO PARA EL LECTOR DE ESTE GRIMORIO

Las ciencias mágicas, son el conocimiento del poder sagrado, de una o de otra manera ha llegado a sus manos, algo en el fondo de su ser lo ánima y le atrae a este conocimiento.

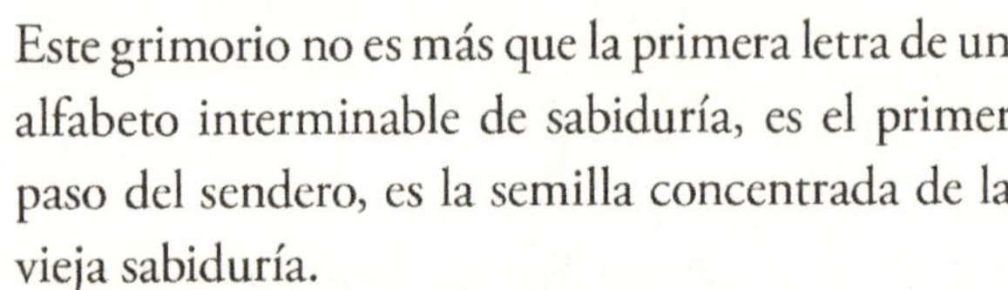
Este grimorio no es más que la primera letra de un alfabeto interminable de sabiduría, es el primer paso del sendero, es la semilla concentrada de la vieja sabiduría.

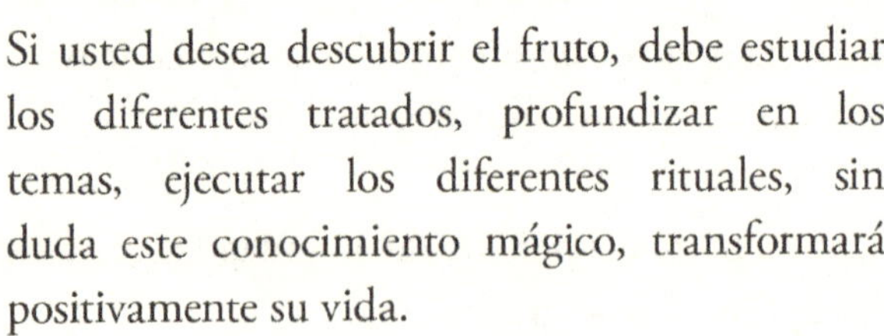
Si usted desea descubrir el fruto, debe estudiar los diferentes tratados, profundizar en los temas, ejecutar los diferentes rituales, sin duda este conocimiento mágico, transformará positivamente su vida.

Omar Hejeile Ch.

Enciclopedia Universo de la Magia

¿Desea aprender magia?

Ingrese a la escuela de la magia a través de nuestra enciclopedia en Ofiuco. El poder oculto de la mente, la influencia sin espacio ni tiempo. Un conocimiento guardado por milenios, ahora en sus manos.

Omar Hejeile

Made in the USA
Coppell, TX
09 April 2024

31115821R00114